Basiswissen Staatsorganisationsrecht

2018

Ralf Altevers
Rechtsanwalt und Repetitor

ALPMANN UND SCHMIDT Juristische Lehrgänge Verlagsges. mbH & Co. KG
48143 Münster, Alter Fischmarkt 8, 48001 Postfach 1169, Telefon (0251) 98109-0
AS-Online: www.alpmann-schmidt.de

Altevers, Ralf
Basiswissen
Staatsorganisationsrecht
6. überarbeitete Auflage 2018
ISBN: 978-3-86752-600-5

Verlag Alpmann und Schmidt Juristische Lehrgänge
Verlagsgesellschaft mbH & Co. KG, Münster

Unterstützen Sie uns bei der Weiterentwicklung unserer Produkte.
Wir freuen uns über Anregungen, Wünsche, Lob oder Kritik an:
feedback@alpmann-schmidt.de

1. Teil: Gegenstand des Staatsorganisationsrechts

Dieses Skript behandelt das Staatsorganisationsrecht und damit einen **Teil des Verfassungsrechts**. Die Begriffe Verfassungsrecht und Staatsrecht werden häufig synonym verwendet, obwohl sie nicht deckungsgleich sind.

1. Abschnitt: Das Staatsrecht

Das Staatsrecht ist ein **Teilbereich des Öffentlichen Rechts**. Es befasst sich mit den Rechtssätzen, die konstitutiv für die allgemeine staatliche Grundordnung sind (Aufbau und Organisation des Staates, grundlegende Bestimmungen über das Verhältnis des Bürgers zum Staat).

- Das **allgemeine Staatsrecht** behandelt dabei abstrakt die Rechtsbeziehungen der Staaten, d.h. Begriff, Entstehen und Untergang eines Staates, sein Handeln und die grundsätzlichen Beziehungen zwischen dem Staat und den seiner Macht unterworfenen Personen.

- Das **besondere Staatsrecht** betrachtet demgegenüber die sich auf einen bestimmten Staat beziehenden Rechtsnormen und ist daher praktisch mit dem Verfassungsrecht identisch.

2. Abschnitt: Das Verfassungsrecht der Bundesrepublik Deutschland

Das Verfassungsrecht der Bundesrepublik Deutschland ist weitgehend, aber nicht ausschließlich, im **Grundgesetz** (GG) geregelt. Es umfasst das **Staatsorganisationsrecht** und die **Grundrechte**.

Die Vorschriften des Grundgesetzes bilden das sog. **formelle Verfassungsrecht**, d.h. die Regelungen, die in einer Verfassungsurkunde enthalten sind. Unter dem **materiellen Verfassungsrecht** versteht man demgegenüber alle für die staatliche Ordnung grundlegenden Regelungen. Es umfasst sämtliche dem (besonderen) Staatsrecht zugehörigen Rechtssätze, gleich auf welche Weise und an welcher Stelle diese kodifiziert sind. Zum materiellen Verfassungsrecht zählen deshalb auch

- die grundlegenden Vorschriften des **Einigungsvertrages** (EV) zwischen der Bundesrepublik Deutschland und der ehemaligen DDR,
- einfache Gesetze, soweit sie die **staatliche Grundordnung** betreffen, z.B. Staatsangehörigkeitsgesetz (StAG), Bundeswahlgesetz (BWG),
- Geschäftsordnungen der Verfassungsorgane, z.B. GOBT, GOBR.

2. Teil: Staatsformmerkmale und Staatszielbestimmungen

1. Abschnitt: Vorbemerkung

A. Überblick

Die grundlegenden normativen Festlegungen für die Verfassungsordnung der Bundesrepublik Deutschland **(„Grundentscheidungen“)** finden sich in

- der **Präambel:** Friedenssicherung und europäische Einigung

  Die Präambel ist nicht nur eine unverbindliche Einleitung, sondern weist im Hinblick auf die europäische Integration („in einem vereinten Europa“) und die Friedenspolitik („dem Frieden der Welt zu dienen“) selbstständigen normativen Gehalt auf.

- **Art. 1 GG:** Achtung der Würde des Menschen und Bindung an die Grundrechte

- **Art. 20 GG:** Der nach dem GG organisierte Staat ist ein/e

Demokratie | **Republik** | **Rechtsstaat** | **Sozialstaat** | **Bundesstaat**

B. Bedeutung

Diese Prinzipien sind unmittelbar geltendes Recht und als Staatsformmerkmale und Staatszielbestimmungen von außerordentlicher Bedeutung für das richtige Verständnis des deutschen Staates und damit des Staatsorganisationsrechts. Nicht zu Unrecht wird Art. 20 GG deshalb als **Verfassung in Kurzform** bezeichnet („Staatsfundamentalnorm“). Für die praktische Anwendung darf man allerdings nicht verkennen, dass der rechtliche Gehalt dieser Merkmale wegen ihrer großen Weite nur schwer zu bestimmen ist.

Die **Bedeutung** der Prinzipien des Art. 20 GG besteht im Wesentlichen darin, dass

- sie als **Auffangtatbestände** für nicht geregelte, aber regelungsbedürftige Fragen wirken (so ist z.B. das Verbot rückwirkender Gesetze aus dem Rechtsstaatsprinzip entwickelt worden),

- sie als „Werte mit Verfassungsrang“ **immanente Grundrechtsschranken** sein können.

C. Begriffsbestimmung

Staatsformmerkmale oder Staatsstrukturprinzipien sind staatsorganisatorische, formelle Grundprinzipien der Verfassung, die den Aufbau des Staates und die Modalitäten der Staatstätigkeit festlegen.

Dazu gehören die Prinzipien Republik, Demokratie, Bundesstaat sowie die formellen Elemente des Rechtsstaatsprinzips (z.B. Gewaltenteilungsgrundsatz).

Staatszielbestimmungen sind materielle Verfassungsprinzipien, die den Staat auf die Verfolgung eines bestimmten, inhaltlich näher benannten Ziels verpflichten.

Dazu gehören Präambel und Sozialstaatsprinzip, die materiellen Elemente des Rechtsstaatsprinzips (z.B. Rückwirkungsverbot, Verhältnismäßigkeitsgrundsatz).

Auf weitere Staatszielbestimmungen, wie z.B. Art. 1 Abs. 1, 3 Abs. 2 S. 2, 20a GG und andere ist in diesem Zusammenhang nicht näher einzugehen; vgl. dazu im Einzelnen AS-Skript Grundrechte und AS-Skript Staatsorganisationsrecht.

2. Abschnitt: Demokratie

A. Vorbemerkung und Überblick

I. Herleitung des Demokratieprinzips

Dass die Bundesrepublik Deutschland eine Demokratie ist, ergibt sich nicht nur aus der ausdrücklichen Normierung in Art. 20 Abs. 1 GG („**demokratischer** ... Bundesstaat"), sondern vor allem aus der Festlegung in Art. 20 Abs. 2 S. 1 GG: **Alle Staatsgewalt geht vom Volke aus.** Mittelbar ergibt sich die Geltung des Demokratieprinzips aus Art. 23 Abs. 1 S. 1 GG („**demokratische** ... Grundsätze") und Art. 28 Abs. 1 S. 1 GG („Grundsätze des **demokratischen** ... Rechtsstaates").

II. Geltungsbereich des Demokratieprinzips

- Das Demokratieprinzip gilt nach Art. 28 Abs. 1 S. 1 GG auch für die **Länder** und gemäß Art. 28 Abs. 1 S. 2 GG für die **Kommunen**.
- Für **andere Selbstverwaltungsträger** (z.B. Hochschulen, Rechtsanwalts- und Ärztekammern) ist das demokratische Prinzip zwar nicht ausdrücklich vorgeschrieben, da sie aber auch öffentliche Aufgaben wahrnehmen, also an der Ausübung der

Staatsgewalt beteiligt sind, gelten auch für sie demokratische Grundsätze (in der Regel über Art. 28 Abs. 1 S. 1 GG).

- Auch die politischen **Parteien** sind dem Demokratieprinzip unterworfen wegen Art. 21 Abs. 1 S. 3 GG: „Ihre innere Ordnung muss demokratischen Grundsätzen entsprechen." Entsprechendes gilt nach § 48 Abs. 1 AbgeordnetenG für die **Fraktionen** als „Parteien im Parlament".

III. Überblick

Die folgende Darstellung des Demokratieprinzips orientiert sich im Wesentlichen am Wortlaut des Art. 20 Abs. 2 GG und den dazu (insbesondere vom BVerfG) entwickelten **Fallgruppen**.

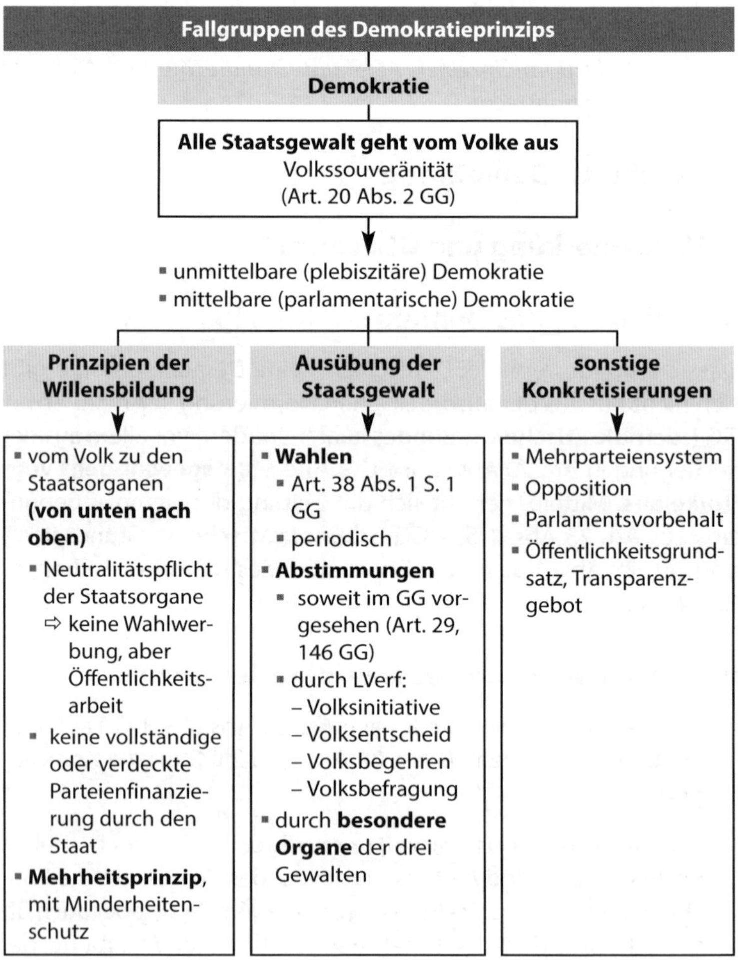

B. Art. 20 Abs. 2 S. 1 GG: Alle Staatsgewalt geht vom Volk aus

I. Volk als Träger der Staatsgewalt

Die Verfassung muss darüber entscheiden, wer Träger der **Staatsgewalt** ist und wer die Herrschaftsbefugnisse gegenüber dem Staatsvolk (Personalhoheit) und anderen Personen, die sich auf dem Staatsgebiet aufhalten (Gebietshoheit), ausüben darf. In der Demokratie ist Träger der Staatsgewalt das Volk (sogenannte **Volkssouveränität**).

- In der **Monarchie** ist eine **einzelne** Person (Kaiser, König etc.) Träger der Staatsgewalt.
- Ist eine **begrenzte Zahl** von Personen (als Oberschicht) Träger der Staatsgewalt, liegt eine **Aristokratie** (Adelsherrschaft) bzw. **Plutokratie** (Besitzherrschaft) vor.

II. Volk

Volk = Staatsvolk = alle Deutschen

Volk i.S.v. Art. 20 Abs. 2 und Art. 28 Abs. 1 S. 2 GG ist das deutsche Staatsvolk, d.h. die Gesamtheit der Personen, die die deutsche Staatsangehörigkeit besitzen oder Status-Deutsche i.S.v. Art. 116 Abs. 1 Hs. 2 GG sind (h.M.). Nach teilweise vertretener Literaturauffassung ist nicht allein auf die Staatsangehörigkeit abzustellen, sondern vielmehr auf das jeweilige Betroffensein oder das Unterworfensein.

Für die h.M. spricht insbesondere, dass der Staat auch ein Personenverband ist und – wie jeder Personenverband – die Mitgliedschaftsrechte, insbesondere das Wahlrecht, den Mitgliedern (also den Staatsangehörigen) vorbehält. Damit besteht insbesondere für **Ausländer kein Wahlrecht** auf Bundes-, Landes- oder Gemeindeebene (Ausnahme: EU-Ausländer bei Kommunalwahlen wegen Art. 28 Abs. 1 S. 3 GG und Art. 22 Abs. 1 AEUV).

III. Staatsgewalt

Staatsgewalt ist jedenfalls alles amtliche Handeln mit Entscheidungscharakter, also Entscheidungen, die unmittelbar nach außen wirken, sowie solche, die behördenintern die Voraussetzungen für die Wahrnehmung der Amtsaufgaben schaffen, sowie die Wahrnehmung von Vorschlagsrechten.

C. Art. 20 Abs. 2 S. 2 GG: Ausübung der Staatsgewalt durch Wahlen, Abstimmungen und besondere Organe der drei Gewalten

I. „Wahlen" – Mehrheitsprinzip – Art. 39 GG

Für die Bildung des politischen Willens gilt in der Demokratie das Mehrheitsprinzip. Deshalb wird Demokratie auch als **Herrschaft der Mehrheit** bezeichnet. Die Mehrheit darf die Minderheit aber nicht unterdrücken; erforderlich ist daher ein **effektiver Minderheitenschutz**. Zwar ist die Minderheit Sachentscheidungen der Mehrheit ausgesetzt, das Demokratieprinzip verlangt jedoch, dass die Minderheit die Möglichkeit besitzt, ihren Standpunkt in den Willensbildungsprozess einzubringen. (Vgl. i.E. noch unten S. 13 f.)

Gleichzeitig ist auch die Herrschaftsbefugnis der Mehrheit zeitlich begrenzt. In einer Demokratie gibt es **nur Herrschaft auf Zeit**. Die Minderheitsmeinung muss jederzeit zur Mehrheit werden können. Deshalb müssen **Wahlen** in einer Demokratie **periodisch** stattfinden; vgl. die Vorgaben in Art. 39 GG. Das Hinausschieben fälliger Wahlen verstößt daher gegen Art. 39 GG und Art. 20 Abs. 2 S. 2 GG, Demokratieprinzip (zum Wahlrecht vgl. i.E. unten S. 41 ff.).

II. „Abstimmungen"

1. Nach Art. 20 Abs. 2 S. 1 GG geht die Staatsgewalt vom Volke aus. Damit ist aber noch nicht entschieden, inwieweit das Volk an der Ausübung der Staatsgewalt beteiligt werden soll. Dabei gibt es zwei Möglichkeiten:

a) Mittelbare oder repräsentative Demokratie, d.h., das Volk entscheidet grundsätzlich nur über die Zusammensetzung der Repräsentationsorgane (insbesondere Parlament), die dann ihrerseits die Staatsgewalt im Namen des Volkes ausüben.

b) Unmittelbare, direkte oder plebiszitäre Demokratie, d.h., grundsätzlich entscheidet das gesamte Staatsvolk durch Abstimmungen im Einzelfall über anstehende politische Entscheidungen, insbesondere über Gesetze.

2. Überwiegend wird dabei die **Volksabstimmung** oder das **Plebiszit** als Oberbegriff angesehen für die Unterfälle Volksbefragung – Volksentscheid – Volksbegehren.

a) Volksbefragung ist eine durch den Staat vorgenommene Erhebung zur Meinung des Volkes zu einer genau formulierten Frage, die in einem förmlichen Verfahren durchgeführt wird. Das Ergebnis ist (außer im Fall von Art. 29 Abs. 5 GG) für die Staatsorganisation nicht bindend, sondern nur konsultativ.

b) Volksentscheid oder Referendum (z.B. gemäß Art. 29 Abs. 2, 3, 7 GG) ist die bindende Entscheidung des Volkes über eine ihm vorgelegte Frage oder einen Gesetzentwurf.

c) Volksbegehren oder Volksinitiative (z.B. gemäß Art. 29 Abs. 4 GG) ist die vom Volk ausgehende Initiative zur Erreichung eines Volksentscheides, ggf. auch einer Parlamentsentscheidung.

3. Dem **Grundgesetz** wird nach ganz herrschender Auffassung in Rspr. und Lit. das Prinzip der repräsentativen Demokratie entnommen und deshalb **Volksabstimmungen** grundsätzlich für **unzulässig** gehalten.

Zur Begründung wird zunächst der **Wortlaut** von Art. 20 Abs. 2 S. 2 GG herangezogen, wonach die Möglichkeit von Abstimmungen erst nach der Möglichkeit von Wahlen vorgesehen ist und außerdem angeordnet wird, dass die Staatsgewalt vom Volke durch besondere Organe der Gesetzgebung, der vollziehenden Gewalt und der Rechtsprechung ausgeübt werden soll. Des Weiteren wird ein **Gegenschluss** aus Art. 29 und Art. 118 S. 2 GG herangezogen, wo ausdrücklich in bestimmten Fällen Volksabstimmungen vorgesehen sind und damit in übrigen Fällen Volksabstimmungen unzulässig sein sollen. Weiterhin wird geltend gemacht, dass die Entscheidungsfähigkeit der Staatsorgane geschwächt werde und die bei Plebisziten notwendige Reduzierung auf eine Ja- oder Nein-Alternative nicht geeignet sei, **sachgerechte Entscheidungen** von teilweise hoch komplexen Sachfragen herbeizuführen, die in der Praxis häufig gerade auf einem Kompromiss beruhten. Schließlich wird auch auf die angeblich **schlechten Erfahrungen** mit Volksabstimmungen zur Weimarer Zeit hingewiesen (sogenanntes historisches Argument) sowie auf die **Weisungsfreiheit des Abgeordneten** nach Art. 38 Abs. 1 S. 2 GG und die ausführliche und abschließende Regelung über das Gesetzgebungsverfahren in Art. 76, 77 GG. Nach h.M. können thematisch eng umgrenzte Volksabstimmungen **durch Verfassungsänderung** in das Grundgesetz aufgenommen werden, ohne dass Art. 79 Abs. 3 i.V.m. Art. 20 Abs. 2 GG entgegenstünde.

III. „Besondere Organe" – Demokratische Legitimation

Träger der Staatsgewalt ist das Volk, die **Ausübung** erfolgt in der Regel durch „besondere Organe" der drei Gewalten (Ausnahme: Wahlen!).

Gemäß Art. 20 Abs. 2 S. 1 GG liegt die Staatsgewalt zwar beim Volk (einheitliche Trägerschaft), die Ausübung erfolgt jedoch nur bei Wahlen und Abstimmungen **unmittelbar** durch das Volk, während im Übrigen das Volk **mittelbar** Staatsgewalt ausübt durch „besondere Organe der Gesetzgebung, der vollziehenden Gewalt und der Rechtsprechung" (Art. 20 Abs. 2 S. 2 Fall 3 GG). Dabei bedürfen die Organe der drei Gewalten bei jeglichem hoheitlichen Handeln einer Legitimation, die sich auf die Gesamtheit der Bürger als Staatsvolk zurückführen lässt („ununterbrochene Legitimationskette" vom Hoheitsträger zum Staatsvolk).

Ununterbrochene Legitimationskette (Beispiel)
Strafurteil von **Richtern** am LG
⇩
werden ernannt vom
⇩
Justizminister
⇩
wird ernannt vom
⇩
Ministerpräsidenten
⇩
wird gewählt vom
⇩
Landtag
⇩
wird gewählt vom
⇩
(Landes-)**Volk**

D. Weitere Fallgruppen des Demokratieprinzips

I. Politische Willensbildung „von unten nach oben"

Nach Art. 20 Abs. 1 GG soll die Staatsgewalt (maßgeblich) vom Volk ausgehen. Daraus ergibt sich u.a., dass die politische Willensbildung grundsätzlich vom Volk zu den Staatsorganen („von unten nach oben") erfolgen muss und nicht umgekehrt.

Problematisch in diesem Zusammenhang sind insbesondere die sogenannte „Wahlwerbung auf Staatskosten" bei Öffentlichkeitsarbeit der Regierung sowie die vollständige oder verdeckte Parteienfinanzierung.

1. Keine Wahlwerbung auf Staatskosten

a) Willensbildung von unten nach oben

Gemäß Art. 20 Abs. 2 S. 1 GG geht alle Staatsgewalt vom Volke aus. Dementsprechend findet die politische Willensbildung **vom Volk zu den Staatsorganen** statt („von unten nach oben"). Daraus folgt für die Staatsorgane, zu denen auch die Regierung und die ihr angehörenden Minister gehören, die **Pflicht zur parteipolitischen Neutralität**. Aus diesem Grunde ist es jedem Staatsorgan (gemäß Art. 28 Abs. 1 GG auch der Länder) verwehrt, im Vorfeld von Wahlen in seiner amtlichen Funktion offen oder verdeckt für eine bestimmte Partei einzutreten.

Ergänzend wird das Neutralitätsgebot aus den Grundsätzen der Wahlfreiheit und Wahlgleichheit gemäß Art. 38 Abs. 1 GG sowie aus dem verfassungsrechtlichen Status der politischen Parteien (Art. 21 GG) und dem hieraus folgenden Recht auf Chancengleichheit abgeleitet. Da die Neutralitätspflicht aber auch auf dem Demokratieprinzip beruht, gilt sie auch außerhalb von Wahlkampfzeiten, aber nicht bei Volksabstimmungen.

b) Zulässige Öffentlichkeitsarbeit

Allerdings sind die Staatsorgane befugt, **Öffentlichkeitsarbeit** zu betreiben, d.h. sich selbst und die eigene Arbeit der Bevölkerung vorzustellen. Öffentlichkeitsarbeit ist nicht nur zulässig, sondern auch notwendig, um Staatsbewusstsein und Identifikation der Bürger mit dem Staat im demokratischen Gemeinwesen lebendig zu erhalten. In den Rahmen zulässiger Öffentlichkeitsarbeit fällt auch, die Politik der Regierung und ihre Maßnahmen darzulegen.

c) Unzulässige Wahlwerbung

Die Öffentlichkeitsarbeit der Regierung findet dort ihre **Grenze**, wo die **Wahlwerbung** beginnt. Den Staatsorganen ist es von Verfassungs wegen untersagt, sich in amtlicher Funktion im Hinblick auf Wahlen mit politischen Parteien oder Wahlbewerbern zu identifizieren und sie unter Einsatz staatlicher Mittel zu unterstützen oder zu bekämpfen und dadurch die Entscheidung des Wählers zu beeinflussen. Das Recht der politischen Parteien auf **Chancengleich-**

heit wird verletzt, wenn Staatsorgane einseitig zugunsten oder zulasten einer politischen Partei oder einzelner Wahlbewerber auf den Wahlkampf Einfluss nehmen. Ein parteiergreifendes Einwirken ist auch in Form von Öffentlichkeitsarbeit nicht zulässig.

aa) Ob die **Grenze zur unzulässigen Wahlwerbung** überschritten ist, hängt von den Umständen des Einzelfalles ab. Abgrenzungskriterien sind insbesondere **Inhalt, Aufmachung** und **Anlass** der Publikation, **Menge** und **Adressatenkreis**.

Beispiel: Die Grenze zur unzulässigen Wahlwerbung ist überschritten, wenn die Regierung den politischen Gegner angreift oder der informative Gehalt der Publikation eindeutig hinter der reklamehaften Aufmachung zurücktritt.

bb) Auch wenn sich regierungsamtliche Veröffentlichungen weder durch ihren Inhalt noch durch ihre Aufmachung als Werbemaßnahmen zu erkennen geben, können sie unzulässig sein, wenn sie im nahen **Vorfeld der Wahl** ohne akuten Anlass in so großer Zahl erscheinen und in solchem Umfang verbreitet werden, dass Auswirkungen auf das Wahlergebnis nicht mehr ausgeschlossen werden können.

Beispiele: Großformatige Anzeigenserien in der Presse, Herausgabe eines amtlichen Umweltberichtes, Veranstaltung eines Informationstages.

All diesen Aktivitäten ist gemeinsam, dass sie nicht von vornherein unzulässig sind; entscheidend ist vielmehr der **Zeitpunkt** ihres Einsatzes. Eine an sich zulässige Information der Öffentlichkeit überschreitet umso eher die Grenze zur unzulässigen Wahlwerbung, je näher der Wahltermin rückt. In der „heißen Phase" des Wahlkampfes gilt das **„Gebot äußerster Zurückhaltung"**. Während dieses Zeitraums, der spätestens 6 Wochen vor dem Wahltermin beginnt, hat die amtliche Öffentlichkeitsarbeit auf jegliche Arbeits-, Leistungs- und Erfolgsberichte zu verzichten. Ausgenommen sind lediglich Veröffentlichungen, die aus **akutem Anlass** geboten sind (z.B. Veröffentlichungen, die sich im Wesentlichen auf die Wiedergabe des Textes kürzlich verabschiedeter oder in naher Zukunft in Kraft tretender Gesetze beschränken).

2. Verbot der vollständigen oder verdeckten Parteienfinanzierung

Ein Verstoß gegen das Demokratieprinzip ist nicht nur gegeben bei unzulässiger Wahlwerbung auf Staatskosten (Willensbildung von „oben nach unten"), sondern auch bei **vollständiger** oder verdeckter **Parteienfinanzierung** durch den Staat.

Dies ergibt sich einerseits aus dem Grundsatz der **Staatsfreiheit der Parteien** aus Art. 21 Abs. 1 GG, § 2 Abs. 1 S. 2 ParteiG („Vereinigung von Bürgern"), andererseits aus folgenden Überlegungen:

a) Politische **Willensbildung von unten nach oben** bedeutet, dass grundsätzlich allein der **Bürger** durch Wahlen zum jeweiligen Parlament entscheidet, in welcher Weise die staatlichen Organe die politische Willensbildung ausrichten (z.B. arbeitnehmerfreundlich, unternehmerfreundlich, umweltfreundlich).

b) Neben dem Bürger sollen aber auch, durch Art. 21 Abs. 1 GG verfassungsrechtlich garantiert, die **Parteien** an der politischen Willensbildung im Staate mitwirken, indem sie sich insbesondere durch Aufstellung von Bewerbern an den Wahlen in Bund, Ländern und Gemeinden beteiligen und auf die politische Entwicklung in Parlament und Regierung Einfluss nehmen (vgl. § 1 Abs. 2 ParteiG); sogenannte **Parteiendemokratie**.

c) Der Bürger kann die ihm nahe stehende Partei fördern durch Spendenbeiträge oder Erbringung von Arbeitsleistungen und damit eine gewisse Abhängigkeit der Parteien vom Wohlwollen der Wahlbürger begründen; sogenannte **Bürgerpartei**.

d) Sofern der Staat die Parteien **vollständig** finanzieren würde, würde aus der Bürgerpartei letztlich eine Staatspartei wegen der Abhängigkeit der Parteien vom Staat, sodass keine politische Willensbildung von unten nach oben stattfindet, sondern umgekehrt.

e) Zulässig und damit vereinbar mit dem Demokratieprinzip ist deshalb nur eine **teilweise staatliche Parteienfinanzierung** (so ausdrücklich § 18 Abs. 1 S. 1 ParteiG) im Rahmen von absoluten bzw. relativen Obergrenzen (vgl. § 18 Abs. 2, Abs. 5 ParteiG).

f) Unzulässig ist eine **verdeckte Parteienfinanzierung**, z.B. durch staatliche Globalzuschüsse an die parteinahen Stiftungen, weil in diesen Fällen nicht festgestellt werden kann, in welcher Höhe die Parteien tatsächlich vom Staat unterstützt werden und ob nicht die staatliche Unterstützung letztlich zu einer vollständigen Parteienfinanzierung führt.

II. Mehrparteiensystem

Das Mehrparteienprinzip ist in Art. 21 GG, insbesondere durch die Gründungsfreiheit der Parteien nach Art. 21 Abs. 1 S. 2 GG, (mit-)gewährleistet. Es ist als Konkretisierung des Demokratieprinzips praktische Voraussetzung für die Durchführung freier Wahlen und eine wesentliche Ergänzung des Schutzes politischer Minderheiten. Es wird abgesichert durch das Prinzip der Chancengleichheit der Parteien und das Gebot der Gleichheit des rechtlichen Status der politischen Parteien.

III. Möglichkeit der Bildung und Ausübung von Opposition

Effektiver Schutz politischer Minderheiten sowie ein tatsächliches Mehrparteiensystem ist nur dann gewährleistet, wenn sich die derzeitige Minderheitspartei im Parlament als Opposition formieren und angemessen betätigen kann. Auch dieser Schutz wird durch das Demokratieprinzip garantiert und ist als Ausprägung des Mehrparteiensystems ebenfalls Teil der sogenannten **freiheitlich demokratischen Grundordnung**.

IV. Mehrheitsprinzip, ergänzt durch angemessenen Minderheitenschutz

1. Zweck des Mehrheitsprinzips

„Auch in der Demokratie müssen Entscheidungen getroffen werden. Je größer aber die Zahl der an der Entscheidung beteiligten Personen und je komplexer der Entscheidungsgegenstand sind, desto schwieriger wird es, eine allseits befriedigende Lösung zu finden. In diesem Fall greift das Mehrheitsprinzip ein. Eine Mehrheitsentscheidung ist immer noch besser als ein Verzicht auf Tätigwerden oder ein fauler Kompromiss."

Wortlautzitat von Maurer, Staatsrecht I, § 7 Rn. 55.

2. Ausgestaltung des Mehrheitsprinzips

Gemäß Art. 42 Abs. 2 GG ist zu einem **Beschluss des Bundestags** grundsätzlich die Mehrheit der abgegebenen Stimmen erforderlich. Ausnahmen von diesem Grundsatz müssen immer ausdrücklich im Grundgesetz bestimmt sein, wobei die Anforderungen an die jeweils erforderliche Mehrheit mit der Bedeutung der jeweiligen Entscheidung ansteigen. Gleiches gilt für die angemessene Höhe des Unterstützungs-, Beteiligungs- oder Zustimmungsquorums für **Volksbegehren**.

Ausführlich zu den verschiedenen Mehrheiten für die Beschlüsse des Bundestags noch unten S. 57 f.

3. Grenzen des Mehrheitsprinzips

■ Angemessener Minderheitenschutz

Aus dem Mehrparteiensystem des Grundgesetzes (siehe oben) und dem Recht aller Parteien auf Chancengleichheit ergibt sich immanent die Pflicht zur angemessenen Berücksichtigung der Minderheitsparteien, also der Opposition.

Zum Minderheitenschutz im allgemeinen gesellschaftlichen Bereich durch das Sozialstaatsprinzip (Schutz der Schwachen gegen die Starken) vgl. noch im Einzelnen unten S. 28.

■ Herrschaft der Mehrheit nur auf Zeit

Da Mehrheiten sich mit der Zeit ändern können und auch die Minderheit von Zeit zu Zeit die Möglichkeit haben muss, eventuell Mehrheiten im Volke zu erreichen, lässt das Demokratieprinzip nur eine Herrschaft der Mehrheit auf Zeit zu. Art. 39 Abs. 1 GG in der derzeitigen Fassung ordnet deshalb an, dass der Bundestag grundsätzlich auf vier Jahre gewählt wird und dass spätestens 48 Monate nach Beginn der Wahlperiode Neuwahlen stattfinden müssen. Als noch vereinbar mit dem Demokratieprinzip (Herrschaft der Mehrheit nur auf Zeit) wird auch noch eine Wahlperiode von bis zu sechs Jahren angesehen.

V. Parlamentsvorbehalt

Der Parlamentsvorbehalt begründet – vereinfacht gesagt – sowohl Rechte als auch Pflichten des Parlaments (der Volksvertretung). Zum einen soll das Parlament seine Gesetzgebungsaufgabe nicht vernachlässigen und sich nicht aus seiner politischen Verantwortung stehlen; auf der anderen Seite hat das Parlament auch das Recht, bestimmte Entscheidungen ganz oder teilweise selbst zu treffen. Weiterhin dürfen bestimmte Entscheidungen nicht am Parlament vorbei allein durch die Regierung getroffen werden. Allerdings besteht nach heute h.M. kein Totalvorbehalt, d.h. es müssen nicht alle einigermaßen relevanten politischen Entscheidungen abschließend vom Parlament getroffen werden, sondern nur noch wesentliche Entscheidungen für das Gemeinwesen, insbesondere grundrechtsrelevante Maßnahmen (sogenannte **Wesentlichkeitstheorie**).

Zu Einzelheiten der Wesentlichkeitstheorie sowie zur Unterscheidung Parlamentsvorbehalt/schlichter Gesetzesvorbehalt vgl. im Einzelnen unten beim Rechtsstaatsprinzip, S. 26.

Aus diesem Grunde werden auch durch das Demokratieprinzip insbesondere die Meinungs-, Informations- und Pressefreiheit (Art. 5 Abs. 1 GG) sowie die Versammlungsfreiheit (Art. 8 GG) gefordert. Damit auch in diesen Fällen die Willensbildung „von unten nach oben" erfolgt, muss der politische Willensbildungsprozess frei von staatlicher Einflussnahme bleiben.

VI. Öffentlichkeitsgrundsatz, Transparenzgebot

- In einer Demokratie muss das Volk in die Entscheidungen, die in seinem Namen erfolgen, angemessen Einblick nehmen können. Deshalb müssen **Verhandlungen des Bundestages** („Volksvertretung") und seiner Ausschüsse grundsätzlich **öffentlich** stattfinden; vgl. z.B. Art. 42 Abs. 1 GG, § 13 Abs. 1 PUAG.
- Gleiches gilt auch für die **Wahlen zum Bundestag**, vgl. § 31 BWG.
- Des Weiteren müssen auch **Verhandlungen der Gerichte** („im Namen des Volkes") grundsätzlich öffentlich erfolgen; vgl. § 169 GVG.

I. Wer ist nach dem GG Träger der Staatsgewalt und wer übt sie aus?	**1.** Gemäß Art. 20 Abs. 2 S. 1 GG ist das deutsche Staatsvolk Träger der Staatsgewalt. Die Ausübung der Staatsgewalt erfolgt gemäß Art. 20 Abs. 2 S. 2 GG, mit Ausnahme von Wahlen, in der Regel durch besondere Organe der drei Gewalten.
2. Welche beiden Elemente begrenzen das Mehrheitsprinzip?	**2.** Das Mehrheitsprinzip wird zum einen begrenzt durch einen effektiven Minderheitenschutz und zum anderen durch das Gebot von periodischen Wahlen gemäß Art. 39 GG.
3. Was versteht man unter dem Begriff „Abstimmungen" i.S.v. Art. 20 Abs. 2 S. 2 GG?	**3.** Volksbefragung, Volksentscheid, Volksbegehren
4. Lässt das GG thematisch unbegrenzt Abstimmungen zu?	**4.** Nach wohl h.A. sind nach dem GG nur die dort ausdrücklich vorgesehenen Abstimmungen zulässig.
5. Welche ungeschriebenen Anforderungen stellt das Demokratieprinzip an die Ausübung der Staatsgewalt durch besondere Organe der drei Gewalten?	**5.** Die Organe der drei Gewalten bedürfen bei jedem hoheitlichen Handeln (also nicht bei privatrechtlichem Handeln) einer Legitimation, die sich auf die Gesamtheit der Bürger als Staatsvolk zurückführen lässt (sogenannte ununterbrochene Legitimationskette vom Hoheitsträger bis zum Staatsvolk).
6. Welche Konstellationen erfasst die Fallgruppe „politische Willensbildung von unten nach oben" und nicht umgekehrt?	**6.** Keine Wahlwerbung auf Staatskosten und Verbot der vollständigen oder verdeckten Parteienfinanzierung.

3. Abschnitt: Republik

Art. 20 Abs. 1 GG legt im Staatsnamen („Bundesrepublik") auch die Staatsform der Republik fest. Der Begriff der Republik hat praktisch nur Bedeutung in Abgrenzung zur **Monarchie**. Da Art. 20 Abs. 2 S. 1 GG ohnehin vorschreibt, dass alle Staatsgewalt vom Volke ausgeht (Demokratie), bezieht sich die Abgrenzung dabei nicht auf die Frage der Staatsträgerschaft, sondern auf die Person des Staatsoberhaupts. In einer Monarchie gelangt das Staatsoberhaupt aufgrund **familien- und erbrechtlicher Umstände** oder durch Wahl **auf Lebenszeit** in sein Amt. Die Bundesrepublik Deutschland ist eine Republik, weil der Bundespräsident von der Bundesversammlung auf Zeit (fünf Jahre) gewählt wird (Art. 54 GG).

4. Abschnitt: Rechtsstaatsprinzip

A. Ableitung des Rechtsstaatsprinzips

Obwohl das Rechtsstaatsprinzip – anders als Demokratie, Republik, Sozialstaat und Bundesstaat – in Art. 20 GG **nicht ausdrücklich** erwähnt wird, wird es allgemein den in Art. 20 Abs. 1 GG genannten Staatsformmerkmalen hinzugerechnet und ihm sogar ein besonders hoher Stellenwert eingeräumt.

- Mittelbar ergibt sich die Geltung des Rechtsstaatsprinzips aus Art. 28 Abs. 1 S. 1 GG, wenn dort für die Länder das Prinzip des „sozialen **Rechtsstaats** im Sinne dieses Grundgesetzes" vorgeschrieben wird. Gleiches folgt aus Art. 23 Abs. 1 S. 1 GG, der den Rechtsstaat als Strukturprinzip der Europäischen Union beschreibt.

- Die wichtigsten Ausprägungen des Rechtsstaatsprinzips sind in Art. 1 Abs. 3 GG **(Bindung an die Grundrechte)**, Art. 20 Abs. 2 S. 2 Fall 3 GG **(Gewaltenteilung)** und Art. 20 Abs. 3 GG **(Bindung an Recht und Gesetz)** geregelt. Hinzu kommen zahlreiche andere, für das Rechtsstaatsprinzip grundlegende Vorschriften, wie z.B. die Gewährleistung eines umfassenden Rechtsschutzes (Art. 19 Abs. 4 GG) durch unabhängige Richter (Art. 92, 97 Abs. 1 GG) in einem fairen Verfahren (insbesondere Art. 101, 103 GG).

B. Fallgruppen des Rechtsstaatsprinzips (Überblick)

Rechtsstaat ist ein Staat, dessen Ziel die **Gewährleistung von Freiheit und Gerechtigkeit** im staatlichen und staatlich beeinflussbaren Bereich ist und dessen Machtausübung durch Recht und Gesetz geregelt und begrenzt wird.

Gegenbegriff ist der Willkürstaat, etwa in der Ausprägung von faschistischen oder kommunistischen Diktaturen.

- Die wichtigste Vorsorge gegen eine zum Missbrauch neigende Machtkonzentration trifft das Prinzip der **Gewaltenteilung** (Art. 20 Abs. 2 S. 2 Fall 3 GG). Danach werden die wichtigsten Staatsfunktionen auf die drei Organgruppen – Gesetzgebung, vollziehende Gewalt und Rechtsprechung – verteilt (dazu unten S. 18 ff.).

- Die Gewaltenteilung ist nur sinnvoll, wenn die Legislative die beiden anderen Gewalten durch Gesetze binden kann (vgl. Art. 20 Abs. 3 GG). Auch Rechtssicherheit lässt sich nur durch Gesetze (Rechtsnormen) herbeiführen. Daher bestimmt das **Vorhandensein von Rechtsnormen** und die Bindung der drei Gewalten an diese das Wesen des Rechtsstaates (vgl. Art. 1 Abs. 3 GG sowie unten S. 25, 27).

- Die Gesetzesbindung muss vom Bürger durchgesetzt werden können. Deshalb gehört die **Gewährleistung eines effektiven Rechtsschutzes** gegenüber Hoheitsakten zum Rechtsstaatsprinzip (Art. 19 Abs. 4 GG), wie auch die Existenz von Justizgrundrechten. Auch im Verhältnis der Bürger untereinander muss ein ausreichender Rechtsschutz durch staatliche Gerichte gewährleistet sein.

- Zur Rechtssicherheit gehört ein Mindestmaß an **Vertrauensschutz** (s.u. S. 22 f.) sowie der **Bestimmtheitsgrundsatz** (s.u. S. 22).

- Ein weiteres bedeutsames Element ist das Bestehen von **Grundrechten** des Bürgers, die das staatliche Handeln begrenzen und dem Bürger eine gesicherte Freiheitssphäre einräumen. Hierzu zählt auch die Aktivierung des Staates gegen Eingriffe Dritter in grundrechtlich geschützte Werte **(Schutzpflicht des Staates)**.

  Vgl. insofern Art. 1 Abs. 1 GG („Die Menschenwürde ist unantastbar. Sie zu achten und zu schützen ist Verpflichtung aller staatlichen Gewalten."), dessen Verpflichtung nicht nur für die Menschenwürde, sondern auch für alle anderen Grundrechte gilt.

- Eine wichtige Begrenzung staatlicher Macht ergibt sich aus dem Grundsatz der **Verhältnismäßigkeit.**
  Sämtliche belastenden staatlichen Maßnahmen müssen zur Verfolgung eines **legitimen Zwecks geeignet**, **erforderlich** und **angemessen** sein **(Übermaßverbot).**

  Im Grundrechtsbereich ergibt sich der Grundsatz der Verhältnismäßigkeit in erster Linie aus dem betroffenen Grundrecht selbst.

- Schließlich gehört zum Rechtsstaatsprinzip, dass für rechtswidrige staatliche Maßnahmen, zumindest wenn sie schuldhaft erfolgen, ein **Ausgleich** geleistet wird („Existenz eines **Staatshaftungsrechts**“).

Fallgruppen des Rechtsstaatsprinzips

- Gewaltenteilung
- Achtung und Schutz der Grundrechte, insbes. von Art. 1 Abs. 1 GG
- Rechtsschutz und Justizgewähranspruch
- Verhältnismäßigkeit
- Rechtssicherheit, Bestimmtheit, Vertrauensschutz
- Verfassungs- und Gesetzesbindung

C. Das Prinzip der Gewaltenteilung (Funktionentrennung)

I. Rechtsgrundlagen und Aufgabe der (horizontalen) Gewaltenteilung

Rechtsgrundlage des Gewaltenteilungsprinzips ist neben dem Rechtsstaatsprinzip auch das Demokratieprinzip in der Ausprägung von Art. 20 Abs. 2 S. 2 Fall 3 GG. Danach wird die Staatsgewalt vom Volk „durch besondere (= voneinander getrennte) Organe der Gesetzgebung, der vollziehenden Gewalt und der Rechtsprechung ausgeübt“. Daran anknüpfend sind in speziellen Vorschriften die besonderen Organe und ihre Zuständigkeiten geregelt: die Gesetzgebung in Art. 70 ff. GG; Regierung und Verwaltung in Art. 62 ff., 83 ff. GG; die Rechtsprechung in Art. 92 ff. GG.

Die Gewaltenteilung ist das tragende Organisationsprinzip des Rechtsstaates und hat die **Aufgabe**, die **Staatsgewalt zu begrenzen** und zu kontrollieren und dadurch die Freiheit des Einzelnen zu schützen. Weiterhin wird durch die Gewaltenteilung des Staates eine sinnvolle **Arbeitsteilung** herbeigeführt. Die verschiedenen Staatsfunktionen sollen von solchen Organen wahrgenommen werden, die ihrer Struktur nach auf diese Aufgaben zugeschnitten sind (Prinzip der funktionsgerechten Organstruktur).

Das hier angesprochene Prinzip der Gewaltenteilung betrifft lediglich die funktionelle **horizontale Gliederung**. Zu unterscheiden ist diese von der

- **organisatorischen** Gewaltenteilung, z.B. zwischen Bundestag und Bundesrat,
- der **vertikalen** Gewaltenteilung
  - zwischen Bund und Ländern (vgl. unten S. 33 ff.: Bundesstaat) sowie
  - Bund/Ländern einerseits und Gemeinden andererseits
- und der **persönlichen** Gewaltenteilung (Inkompatibilität), z.B. gemäß Art. 137 GG (vgl. i.E. unten S. 20 f.).

II. Einzelheiten der horizontalen Gewaltenteilung

Grundlegend für die Gewaltenteilungslehre ist die Unterscheidung zwischen verschiedenen materiellen **Staatsfunktionen**.

Staatsfunktionen („Gewalten“)		
Legislative (Gesetzgebung)	**Exekutive** (Verwaltung)	**Judikative** (Rechtsprechung)

Das Wesen der Gewaltenteilung besteht zunächst in der Trennung der verschiedenen Organe und ihrer Aufgabenerfüllung. Vor allem aber ist Sinn der Gewaltenteilung gerade auch die **wechselseitige Begrenzung und Kontrolle der Machtausübung** der verschiedenen Organe. Deshalb wird das Trennungsprinzip ergänzt durch gegenseitige Einflussnahmemöglichkeiten und Abhängigkeiten (sogenanntes System der **„checks and balances“**). Dadurch wird verhindert, dass eine der drei Funktionen eine übergeordnete Stellung erlangt. Die wichtigsten Ausprägungen der Gewaltenkontrolle und Gewaltenhemmung sind:

- Die **Regierung** als die Spitze der Verwaltung ist **vom Parlament abhängig** (Art. 63, 67 GG; parlamentarisches Regierungssystem).
- Verwaltung und Rechtsprechung sind an die vom Parlament erlassenen **Gesetze gebunden** (Art. 20 Abs. 3 GG).
- Die Regierung hat mannigfache **Einflussmöglichkeiten** auf das Parlament, insbesondere durch das Recht der Gesetzesinitiative (Art. 76 GG) und durch den Zustimmungsvorbehalt der Bundesregierung gegenüber ausgabewirksamen Gesetzen (Art. 113 GG; vgl. ferner Art. 112 GG).
- Die **Gerichte kontrollieren** die Verfassungsmäßigkeit der vom Parlament erlassenen Gesetze, vor allem aber die Rechtmäßigkeit einzelner Exekutivakte (Art. 93, 19 Abs. 4 GG i.V.m. den jeweiligen Prozessgesetzen, z.B. VwGO).

III. Personelle Gewaltenteilung (Inkompatibilität)

Ausfluss der Gewaltenteilung ist auch die sogenannte **Inkompatibilität** (Verbot der Ämterhäufung, personelle Gewaltenteilung). Die Gewaltenteilung würde nicht funktionieren, wenn dieselben Personen, die als Abgeordnete im Parlament ein Gesetz beschließen, dieses Gesetz als Verwaltungsbeamte später anwenden und schließlich als Richter darüber entscheiden würden, ob sie die Gesetze richtig erlassen und zutreffend angewandt haben.

Vgl. beispielhaft Art. 55 Abs. 1 GG (Bundespräsident); Art. 66 GG (Regierungsmitglieder); Art. 94 Abs. 1 S. 3 GG (Bundesverfassungsrichter); Art. 137 GG (Beamte), z.B. i.V.m. § 5 AbgG (Abgeordnete), § 4 BMinG (Minister).

Weiteres Beispiel: Die Mitglieder des **Bundestags** dürfen nicht gleichzeitig Mitglieder des Bundesrates sein, da sich beide Gremien hemmen und kontrollieren sollen. Damit ergibt sich auch eine Inkompatibilität zwischen der Stellung als Landesminister und Bundestagsabgeordnetem. Denn alle Mitglieder der Landesregierung sind kraft ihrer Amtsstellung berufen, das Land im Bundesrat zu vertreten.

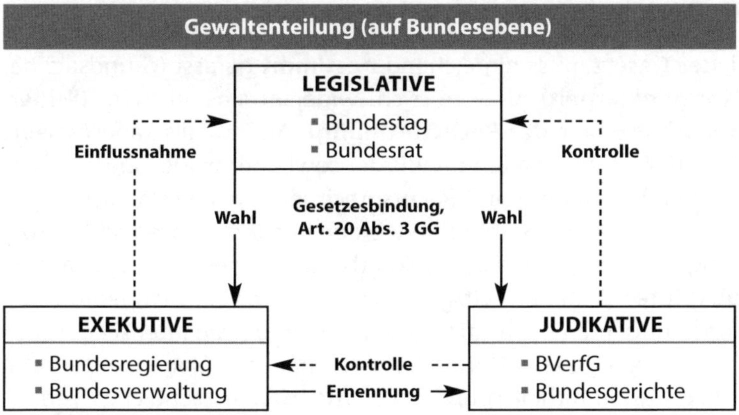

IV. Abweichungen vom Gewaltenteilungsprinzip

Der Grundsatz der Gewaltenteilung wird auf vielfältige Weise **durchbrochen** (vgl. z.B. Art. 80 GG, wonach die Exekutive Rechtsverordnungen erlässt und damit Aufgaben der Legislative wahrnimmt). Durchbrechungen sind jedoch nur **eingeschränkt zulässig**. Ein Verstoß gegen das Gewaltenteilungsprinzip liegt dann vor, wenn ein Eingriff in den Kernbereich einer anderen „Gewalt" erfolgt oder eine der Gewalten ein deutliches Übergewicht erhält.

D. Anforderungen des Rechtsstaatsprinzips an die Gesetzgebung (Legislative)

„Gesetzgebung" i.S.v. Art. 20 Abs. 3 Fall 1 GG ist Normsetzung in Form der parlamentarischen Gesetzgebung durch Bundestag oder Landtage, nicht der Erlass allgemein verbindlicher Anordnungen durch die Verwaltung als Rechtsverordnung oder Satzung.

I. Bindung an die „verfassungsmäßige Ordnung"

Die verfassungsmäßige Ordnung i.S.d. Art. 20 Abs. 3 GG beinhaltet alle Normen des Grundgesetzes in dem durch das BVerfG ausgelegten und ggf. für verbindlich (§ 31 BVerfGG) erklärten Verständnis.

Beachte *den davon abweichenden Begriff der „verfassungsmäßigen Ordnung" in Art. 2 Abs. 1 bzw. Art. 9 Abs. 2 GG.* !

II. Bestimmtheit

Jedes Gesetz muss hinreichend **bestimmt** gefasst (Grundsatz der **Normenklarheit**) und in sich widerspruchsfrei sein **(Widerspruchsfreiheit der Rechtsordnung)**. Andernfalls kann es seine Funktion, das Verhalten der Bürger sowie der beiden anderen Gewalten (Verwaltung und Rechtsprechung) zu steuern, nicht erfüllen. Wegen Art. 103 Abs. 2 GG werden besonders strenge Anforderungen an Straf- und Bußgeldtatbestände gestellt (sogenannter **absoluter** Bestimmtheitsgrundsatz). Im Übrigen hängen die Anforderungen an die Bestimmtheit davon ab, wie intensiv gesetzliche Regelungen die Normadressaten belasten (sogenannter **relativer** Bestimmtheitsgrundsatz). Für bundesrechtliche Verordnungsermächtigungen (z.B. § 6 Abs. 1 StVG für StVO) gilt der spezielle Bestimmtheitsgrundsatz aus Art. 80 Abs. 1 S. 2 GG.

Andererseits darf das Bestimmtheitserfordernis nicht übersteigert werden. Daher darf der Gesetzgeber **unbestimmte Rechtsbegriffe** und **Generalklauseln** verwenden, soweit sie durch die Rspr. konkretisiert werden (können).

Beispiele: Begriffe wie „Gefahr für die öffentliche Sicherheit oder Ordnung" (z.B. § 14 BPolG), „Ungeeignetheit" (z.B. § 3 StVG), „Unzuverlässigkeit" (z.B. § 35 GewO, §§ 4, 15 GastG).

Bei hinreichender Notwendigkeit darf der Gesetzgeber der Verwaltung auch einen **Beurteilungsspielraum** (z.B. bei Prüfungsentscheidungen) bzw. auf der Rechtsfolgenseite **Ermessen** („kann") einräumen. Effektivität und Flexibilität des Verwaltungshandelns erfordern es, dass die Behörde in gewissen Fällen einen Entscheidungsspielraum hat.

III. Vertrauensschutz – keine unzulässige Rückwirkung von Gesetzen

Rechtssicherheit (Verlässlichkeit und Klarheit der Rechtsordnung) meint nicht nur, dass der Gesetzgeber die Gesetze hinreichend bestimmt formulieren muss. Er hat ferner auch zu beachten, dass er durch den Erlass eines Gesetzes Vertrauen des Bürgers schafft. Dieses Vertrauen darf er nicht enttäuschen. Er darf die Rechtslage grundsätzlich nicht durch eine rückwirkende Änderung des Gesetzes oder durch den Erlass eines neuen Gesetzes nachträglich anders gestalten.

Strafrecht

- Bei Strafgesetzen gilt hierfür Art. 103 Abs. 2 GG, § 1 StGB: Es gilt hier ein **absolutes Rückwirkungsverbot** für strafbegründende und strafschärfende Gesetze (für strafmildernde Gesetze gilt das Rückwirkungsverbot nicht, hier gilt § 2 Abs. 3 StGB).

Sonstige belastende staatliche Gesetze

- Für sonstige **belastende** Gesetze ist zwischen echter Rückwirkung (Rückbewirkung von Rechtsfolgen) und unechter Rückwirkung (tatbestandlicher Rückanknüpfung) zu unterscheiden.

Echte Rückwirkung liegt vor, wenn ein der Vergangenheit angehörender, abgeschlossener Sachverhalt nachträglich neu geregelt wird. Sie ist aus Gründen des Vertrauensschutzes (Rechtsstaatsprinzip) grundsätzlich unzulässig. Ausnahmen können sich z.B. ergeben, wenn der Bürger mit einer Regelung rechnen musste, oder wenn zwingende Gründe des gemeinen Wohls vorliegen **(relatives Rückwirkungsverbot)**.

Bei der **unechten Rückwirkung** wird auf gegenwärtige, noch nicht abgeschlossene Sachverhalte für die Zukunft eingewirkt und damit die betroffene Rechtsposition nachträglich entwertet. Dies ist grundsätzlich zulässig. Im Einzelfall können Grundrechte Betroffener entgegenstehen, wenn eine unverhältnismäßige Konkretisierung der jeweiligen Grundrechtsschranken gegeben ist. Gesichtspunkte des Vertrauensschutzes werden dann bei der Abwägung im Rahmen der Verhältnismäßigkeit des Gesetzes berücksichtigt.

Beispiel: Der Bundestag beschließt, den Spitzensteuersatz für die Einkommensteuer für das letzte Jahr und das laufende Jahr auf 60% zu erhöhen. Ist das unter dem Gesichtspunkt der Rückwirkung zulässig?

Die Einkommensteuer ist eine Jahressteuer. Der Veranlagungszeitraum ist das jeweilige Kalenderjahr. Durch die Änderung des Steuersatzes für das letzte (bereits abgeschlossene) Jahr wird also in einen abgeschlossenen Tatbestand eingegriffen. Es handelt sich um einen Fall der echten Rückwirkung. Da hier keine Ausnahmen ersichtlich sind, ist dies unzulässig.

Die Änderung für das gegenwärtige Jahr knüpft an einen bereits begonnenen, aber noch nicht abgeschlossenen Tatbestand an. Daher liegt eine unechte Rückwirkung vor. Die Erhöhung für das laufende Jahr ist grundsätzlich zulässig, soweit nicht ausnahmsweise die Grundrechtsausübung Einzelner dadurch unverhältnismäßig beeinträchtigt ist (hier keine Anhaltspunkte).

E. Anforderungen des Rechtsstaatsprinzips an die vollziehende Gewalt (Exekutive)

I. Vollziehende Gewalt

„Vollziehende Gewalt" i.S.v. Art. 20 Abs. 3 Fall 2 GG ist jede Tätigkeit des Staates oder eines sonstigen Trägers öffentlicher Gewalt außerhalb von Gesetzgebung und Rechtsprechung (Negativdefinition der Exekutive). Dabei wird teilweise noch unterschieden zwischen Regierung („Gubernative") und Verwaltung i.e.S. („Administration").

II. Bindung an Gesetz und Recht = Grundsatz der Gesetzmäßigkeit der Verwaltung

Der im Wesentlichen aus Art. 20 Abs. 3 Fall 2 GG abgeleitete Grundsatz der Gesetzmäßigkeit der Verwaltung umfasst als **Fallgruppen** die Grundsätze vom Vorrang des Gesetzes und vom Vorbehalt des Gesetzes.

1. Vorrang des Gesetzes (kein Handeln gegen Gesetz)

Dieser Grundsatz verpflichtet die Verwaltung bei jeder Handlung, die jeweils einschlägigen gesetzlichen Normen anzuwenden und nicht davon abzuweichen. Sofern im Einzelfall mehrere Gesetze in Betracht kommen, ist das jeweils ranghöchste zu beachten (Normenhierarchie).

Hierbei sind **drei Normebenen** zu unterscheiden: Unionsrecht, Bundesrecht und Landesrecht.

a) Unionsrecht

Zum Unionsrecht gehören insbesondere der EU-Vertrag, der AEUV und Verordnungen und Richtlinien der EU (vgl. Art. 288 AEUV).

b) Bundesrecht

Zum Bundesrecht gehören

- die Bundesverfassung, also das Grundgesetz,
- Parlamentsgesetze des Bundes, z.B. BGB, StGB und
- bundesrechtliche Verordnungen, z.B. StVO.

c) Landesrecht

Zum Landesrecht gehören

- die Landesverfassung,
- Parlamentsgesetze des Landes, z.B. LBauO, PolG,
- landesrechtliche Verordnungen und
- Satzungen, z.B. der Bebauungsplan einer Gemeinde.

2. Vorbehalt des Gesetzes (kein Handeln ohne Gesetz)

a) Überblick

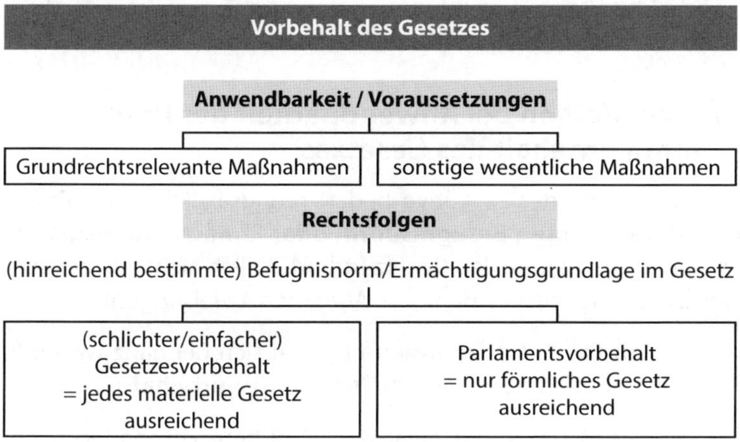

b) Ableitung

Der Grundsatz vom Vorbehalt des Gesetzes wird abgeleitet aus dem **Rechtsstaatsprinzip**, aus dem **Demokratieprinzip** sowie aus dem möglicherweise betroffenen **Grundrecht**.

Bei jedem Grundrecht ist der Eingriff in den Schutzbereich bereits dann rechtswidrig, wenn ein (wirksames) Gesetz als Eingriffsermächtigung bzw. Konkretisierung der jeweiligen Grundrechtsschranke fehlt.

c) Anwendbarkeit/Voraussetzungen

Der Vorbehalt des Gesetzes gilt nach der sogenannten **Wesentlichkeitstheorie** für alle Angelegenheiten, die für die Verwirklichung der Grundrechte von Bedeutung sind (grundrechtsrelevante, insbesondere belastende Maßnahmen) sowie für Angelegenheiten, die erhebliche Auswirkungen für die Allgemeinheit haben oder kontroverse Fragen betreffen.

- **Grundrechtsrelevante Maßnahmen** sind z.B. alle Eingriffe in den Schutzbereich eines Grundrechts durch Rechtsakte (VA, Urteil) oder Realakte (schlichtes Verwaltungshandeln),

- **sonstige wesentliche Maßnahmen** (die weder belastend noch grundrechtsrelevant sind) sind, z.B. der bewaffnete Einsatz der Bundeswehr im Ausland gemäß Art. 87a Abs. 2 i.V.m. 24 Abs. 2 GG (wehrverfassungsrechtlicher Parlamentsvorbehalt), wobei die Bundesregierung bei Gefahr im Verzug vorläufig alleine entscheiden darf. Dann folgt aber aus dem Parlamentsvorbehalt, dass der Bundestag nachträglich mit dem Einsatz befasst wird.

d) Rechtsfolgen bei Anwendbarkeit des Prinzips vom Vorbehalt des Gesetzes

Die Maßnahme der Exekutive bedarf grundsätzlich einer **hinreichend bestimmten Befugnisnorm oder Ermächtigungsgrundlage** in einem materiellen Gesetz (grundsätzlich nicht ausreichend sind Zuständigkeitsnormen bzw. Aufgabenzuweisungen).

- **Verschärfte Anforderungen** ergeben sich bei ganz wesentlichen Eingriffen (sogenannter **Parlamentsvorbehalt**).

  Dies wird insbesondere bejaht bei Eingriffen in besonders hochwertige Grundrechte, wie z.B. Art. 2 Abs. 2 S. 2 GG; vgl. insofern den ausdrücklichen Parlamentsvorbehalt in Art. 104 Abs. 1 S. 1 GG („nur aufgrund eines **förmlichen** Gesetzes").

- **Verminderte Anforderungen** gelten z.B. bei:

  - staatlicher **Informationstätigkeit**, insbesondere **Warnerklärungen** vor schädlichen Lebensmitteln oder unseriösen Jugendsekten; hier sollen nach der Rspr. auch Zuständigkeitsnormen ausreichend sein,
  - **Gewährung von Subventionen**, bei denen die Ausweisung im Haushaltsplan als Legitimation ausreichen soll (außer bei grundrechtsrelevanten Subventionen, z.B. Pressesubventionen).

F. Anforderungen des Rechtsstaatsprinzips an die Rechtsprechung (Judikative)

„Rechtsprechung" wird durch das BVerfG, durch die im GG vorgesehenen Bundesgerichte (Art. 95 f. GG) sowie die Gerichte der Länder ausgeübt und ist **ausschließlich Richtern** anvertraut.

- Gemäß Art. 20 Abs. 3 Fall 3 GG ist auch die Rechtsprechung an **Gesetz und Recht** gebunden wie die Exekutive.

- **Weitere Ausprägungen** einer rechtsstaatlichen Rechtsprechung ergeben sich aus Art. 19 Abs. 4 (Rechtsschutzgarantie gegen Maßnahmen der öffentlichen Gewalt), Art. 92 GG (Richtervorbehalt), Art. 97 GG (sachliche und persönliche Unabhängigkeit der Richter), Art. 101–104 GG (Justizgrundrechte).

G. Anforderungen des Rechtsstaatsprinzips an alle drei Gewalten

Rechtssicherheit bedeutet, dass hoheitliche Maßnahmen aller **drei Gewalten** möglichst messbar voraussehbar sind und dass ein schutzwürdiges Vertrauen in ihre Beständigkeit nicht oder nicht ohne zwingenden Grund enttäuscht werden darf.

- Ausprägung ist zunächst der oben (S. 22) bereits ausführlich dargestellte **Bestimmtheitsgrundsatz**, der nicht nur für den parlamentarischen Gesetzgeber gilt, sondern auch für die Verwaltung als Ordnungs- oder Satzungsgeber bzw. als Behörde beim Erlass von Verwaltungsakten (vgl. § 37 Abs. 1 VwVfG). Zu beachten ist, dass Art. 80 Abs. 1 S. 2 sowie Art. 103 Abs. 2 GG insoweit als lex specialis das Rechtsstaatsprinzip verdrängen.

- Auch das **Verbot der unzulässigen Rückwirkung** gilt nicht nur für den parlamentarischen Gesetzgeber (s.o. S. 22 f.), sondern auch für die Verwaltung beim Erlass von Rechtsverordnungen oder Satzungen.

- Aus dem Gebot der Rechtssicherheit folgt weiterhin, dass rechtskräftige gerichtliche Entscheidungen sowie bestandskräftige Verwaltungsakte grundsätzlich **Rechtsbeständigkeit** haben müssen (vgl. § 51 VwVfG).

- Auch der **Vertrauensschutz** ist zu beachten, insbesondere bei der Aufhebung von begünstigenden Verwaltungsakten; vgl. z.B. § 48 Abs. 2 VwVfG. **Gerichte** können dagegen ohne Verstoß gegen Art. 20 Abs. 3 GG von ihrer früheren Rechtsprechung abweichen, selbst wenn eine wesentliche Änderung der Verhältnisse oder der allgemeinen Anschauungen nicht eingetreten ist.

- Schließlich ist von allen drei Gewalten der **Verhältnismäßigkeitsgrundsatz** zu beachten.

5. Abschnitt: Sozialstaatsprinzip

A. (Allgemeine) Herleitung; Spezialregelungen

Das Sozialstaatsprinzip wird im Wesentlichen abgeleitet aus Art. 20 Abs. 1 GG („sozialer Bundesstaat"), aus Art. 23 Abs. 1 S. 1 GG („soziale Grundsätze") sowie aus Art. 28 Abs. 1 S. 1 GG („sozialer Rechtsstaat").

Spezielle Ausprägungen für bestimmte Sachbereiche enthalten insbesondere Art. 3 Abs. 2 S. 2, 6 Abs. 4, 9 Abs. 3 S. 1 GG (Tarifautonomie, Streikrecht) sowie Art. 14 Abs. 2 GG (Sozialbindung des Eigentums); einfach-rechtliche Konkretisierungen finden sich insbesondere in den §§ 1 und 2 SGB I = SGB AT.

B. Inhalt und Gegenbegriff

Der Sozialstaat ist zur Herstellung und Erhaltung von **tatsächlicher** Chancengleichheit und sozialer Gerechtigkeit verpflichtet sowie zur Herstellung und Erhaltung sozialer Sicherheit (vgl. insofern auch § 1 Abs. 1 SGB I). **Gegensatz** ist der **liberale Rechtsstaat**, der grundsätzlich von jeder staatlichen Beeinflussung des Zusammenlebens der Staatsbürger absieht und lediglich für rechtliche Chancengleichheit sorgt.

I. Soziale Gerechtigkeit bedeutet zum einen Herstellung von tatsächlicher Chancengleichheit sowie Schutz der Schwachen vor den Starken.

- **Beispiele** für die Fallgruppe Herstellung **tatsächlicher Chancengleichheit** sind etwa die Gewährung von BAföG und Prozesskostenhilfe sowie die tatsächliche Durchsetzung der Gleichberechtigung (Art. 3 Abs. 2 S. 2 GG).
- **Beispiele** für die Fallgruppe **Schutz der Schwachen vor den Starken** sind z.B. das Arbeitsrecht und das soziale Mietrecht, der Verbraucherschutz im Zivilrecht und die Resozialisierung im Strafrecht sowie Art. 6 Abs. 4 u. 5 und Art. 9 Abs. 3 S. 1 GG

II. Soziale Sicherheit bedeutet Schaffung oder Erhaltung von Einrichtungen, die für den Fall des Fehlens eigener Daseinsreserven in Krisen die notwendige Daseinshilfe gewähren.

- **Beispiele** sind die Sozialversicherungssysteme nach SGB I–XI, die Sozialhilfe nach dem SGB XII und die berufsständischen Versorgungseinrichtungen, wie z.B. das Rechtsanwaltsversorgungswerk.

C. Adressaten

Vorrangiger Adressat des Sozialstaatsprinzips ist der **Gesetzgeber**, der allerdings auch wegen der Vielfalt von widerstreitenden Interessen (Finanzen des Staates, Arbeitgeber) einen weiten Spielraum bei der Umsetzung und Beachtung des Sozialstaatsprinzips hat.

Für **Verwaltung** und **Gerichte** erlangt das Sozialstaatsprinzip im Einzelfall Bedeutung bei der Auslegung unbestimmter Rechtsbegriffe, bei der Verwaltung außerdem auch im Rahmen der Ermessensausübung.

D. Anwendungsbereich bzw. Konkretisierungen

I. Das Sozialstaatsprinzip kann in eng umgrenzten Einzelfällen zusammen mit Grundrechten **Anspruchsgrundlage** sein:

- Anspruch auf das Existenzminimum (i.V.m. Art. 1 Abs. 1 und Art. 2 Abs. 2 S. 1 GG)
- Anspruch auf chancengleiche Grundrechtsbetätigung (z.B. Art. 12 Abs. 1 i.V.m. Art. 3 Abs. 1 GG **(„Grundrechte als Teilhaberrechte")**

II. Des Weiteren kann das Sozialstaatsprinzip in bestimmten Fällen **Eingriffslegitimation** sein, also Eingriffe in Freiheits- oder Gleichheitsrechte des Bürgers rechtfertigen.

- Betriebliche Mitbestimmung (Art. 12, Art.14 Abs. 1 GG)
- Zwangsmitgliedschaft in Sozialversicherungen oder in berufsständischen Versorgungseinrichtungen (Art. 2 Abs. 1, 12 Abs. 1 GG)
- Maßnahmen zur Bekämpfung der Arbeitslosigkeit durch Einschränkungen der Tarifautonomie (Art. 9 Abs. 3 S. 1 GG)
- Maßnahmen zur Kostendämpfung im Gesundheitswesen zum Schutz der Funktionsfähigkeit der Sozialversicherung

1. Woraus wird der Grundsatz der Gewaltenteilung abgeleitet?	**1.** Aus dem Rechtsstaatsprinzip gemäß Art. 20 Abs. 3 GG sowie dem Demokratieprinzip in der Ausprägung von Art. 20 Abs. 2 S. 2 Fall 3 GG („durch besondere Organe").
2. Was ist der Unterschied zwischen horizontaler und vertikaler Gewaltenteilung?	**2.** Bei der horizontalen Gewaltenteilung geht es um die Trennung der drei Gewalten auf einer staatlichen Ebene, z.B. auf Bundesebene oder auf der Ebene des Landes. Bei der vertikalen Gewaltenteilung geht es um die Hemmung und Kontrolle der drei Gewalten zwischen verschiedenen staatlichen Ebenen, z.B. im Verhältnis der Länder zum Bund.
3. Was ist die Aufgabe des Gewaltenteilungsgrundsatzes?	**3.** Kontrolle und Begrenzung der jeweils anderen Staatsgewalt sowie Arbeitsteilung.
4. Nennen Sie Beispiele für die personelle Gewaltenteilung bzw. Inkompatibilität.	**4.** Art. 66 GG, Art. 137 GG, z.B. i.V.m. § 5 AbgG
5. Was ist der Unterschied zwischen dem relativen und dem absoluten Bestimmtheitsgrundsatz?	**5.** Das Rechtsstaatsprinzip aus Art. 20 Abs. 3 GG enthält grundsätzlich einen relativen Bestimmtheitsgrundsatz, d.h., die Anforderungen an die Bestimmtheit eines Gesetzes sind unterschiedlich danach, wie intensiv das Grundrecht der Normadressaten betroffen ist. Ein absoluter Bestimmtheitsgrundsatz, bei dem besonders strenge Anforderungen gestellt werden, gilt bei Straf- und Bußgeldtatbeständen wegen Art. 103 Abs. 2 GG.
6. Was ist der Unterschied zwischen echter und unechter Rückwirkung? Bitte nennen Sie ein Beispiel.	**6.** Echte Rückwirkung liegt vor, wenn ein der Vergangenheit angehörender abgeschlossener Sachverhalt nachträglich neu und belastend für den Normadressaten geregelt wird (z.B. Erhöhung der Einkommensteuer für ein bereits abgeschlossenes Steuerjahr). Bei der unechten Rückwirkung wird auf gegenwärtige, noch nicht abgeschlossene Sachverhalte für die Zukunft eingewirkt und dadurch das Vertrauen des Normadressaten für den Fortbestand der alten Rechtslage enttäuscht (z.B. Erhöhung der Einkommensteuer im laufenden Steuerjahr).

7. Wann sind echte und unechte Rückwirkung unzulässig?	**7.** Die echte Rückwirkung ist grundsätzlich unzulässig und nur dann ausnahmsweise zulässig, wenn der Bürger mit einer neuen belastenden Regelung rechnen musste (kein schutzwürdiges Vertrauen) oder wenn zwingende, ganz wichtige Gründe des Gemeinwohls vorliegen. Die unechte Rückwirkung ist grundsätzlich zulässig und nur dann ausnahmsweise unzulässig, wenn nach einer Abwägung im Einzelfall das schutzwürdige Vertrauen der Normadressaten auf den Fortbestand der alten günstigen Regelung höher wiegt als das Neuregelungsinteresse des Staates.
8. Was bedeutet der Grundsatz der Gesetzmäßigkeit der Verwaltung?	**8.** Vorrang des Gesetzes (kein Handeln gegen das Gesetz) und Vorbehalt des Gesetzes (kein Handeln ohne Gesetz).
9. Nennen Sie Voraussetzungen und Rechtsfolgen des Vorbehalts des Gesetzes.	**9.** Voraussetzung für die Anwendbarkeit des Vorbehalts des Gesetzes ist eine wesentliche, insbesondere grundrechtsrelevante Maßnahme (Eingriff in ein Grundrecht durch Verwaltung oder Gericht). Rechtsfolge ist, dass Verwaltung oder Gerichte den Grundrechtseingriff nur aufgrund einer hinreichend bestimmten Ermächtigungsgrundlage bzw. Befugnisnorm in einem materiellen Gesetz vornehmen dürfen.
10. Was ist der Unterschied zwischen einem schlichten Gesetzesvorbehalt und einem Parlamentsvorbehalt?	**10.** Beim grundsätzlich geltenden schlichten Gesetzesvorbehalt reichen alle materiellen Gesetze aus, wie z.B. Parlamentsgesetz, Rechtsverordnung, Satzung. Beim Parlamentsvorbehalt, der insbesondere bei ganz hochwertigen Grundrechten gilt, reicht als Ermächtigungsgrundlage oder Befugnisnorm nur ein Parlamentsgesetz vom Bundestag oder Landtag aus.
11. Was ist der wesentliche Inhalt des Sozialstaatsprinzips?	**11.** Pflicht des Staates, im Rahmen des Möglichen soziale Gerechtigkeit und soziale Sicherheit herzustellen und zu erhalten.
12. Was bedeutet soziale Gerechtigkeit?	**12.** Soziale Gerechtigkeit bedeutet tatsächliche Chancengleichheit und Schutz der Schwachen gegen die Starken.
13. Was bedeutet soziale Sicherheit?	**13.** Soziale Sicherheit bedeutet Schaffung oder Erhaltung von Einrichtungen, die für den Fall des Fehlens eigener Daseinsreserven in Krisen in notwendige Daseinshilfe gewähren.

6. Abschnitt: Das Bundesstaatsprinzip

A. Herleitung – Funktion – Absicherung

I. Herleitung des Bundesstaatsprinzips

Die Geltung des Bundesstaatsprinzips ergibt sich aus der in Art. 20 Abs. 1 GG getroffenen Feststellung, dass die **Bundes**republik Deutschland ein **Bundesstaat** ist, aus Art. 28 Abs. 1 S. 1 GG („ … in den Ländern") und aus der (amtlichen) Überschrift des II. Abschnitts des GG („Der Bund und die Länder"); ferner aus den zahlreichen Vorschriften, die vom Vorhandensein der Länder ausgehen, insbesondere indem Zuständigkeiten auf Bund und Länder verteilt werden (z.B. Art. 30, 70 ff., 83 ff., 92 ff., 104a ff. GG).

In Deutschland hat sich das Bundesstaatsprinzip geschichtlich entwickelt: Das 1871 gegründete Deutsche Reich war als Bundesstaat konstituiert und nur in dieser Form möglich. Auch die Weimarer Republik war Bundesstaat. Nur in der NS-Zeit, von 1934 bis 1945, wurde Deutschland in einen zentralisierten Einheitsstaat umgewandelt. Das GG knüpfte 1949, auch auf Druck der Westalliierten („Frankfurter Dokumente"), an die staatsrechtliche Tradition aus der Zeit vor 1933 an.

II. Funktion des Bundesstaatsprinzips

Die Funktion des Bundesstaatsprinzips ist insbesondere

- die sogenannte **vertikale Gewaltenteilung** (z.B. Kontrolle bzw. Hemmung der Bundesstaatsgewalt durch BRat; Verteilung der Zuständigkeiten auf Organe von Bund und Ländern) sowie
- **Dezentralisierung der Staatsgewalt** mit der dadurch eröffneten Möglichkeit stärkerer Beachtung regionaler bzw. landesspezifischer Besonderheiten.

III. Absicherung des Bundesstaatsprinzips

Die Absicherung des Bundesstaatsprinzips erfolgt durch **Art. 79 Abs. 3 GG** in mehrfacher Weise: Zunächst generell und allumfassend in Art. 79 Abs. 3 Fall 3 GG („ … die in Art. 20 niedergelegten Grundsätze"), auf wichtige Teilbereiche bezogen in Art. 79 Abs. 3 Fall 1 GG („Gliederung des Bundes in Länder") und Art. 79 Abs. 3 Fall 2 GG („grundsätzliche Mitwirkung der Länder bei der Gesetzgebung").

! ***Beachte:*** *Art. 79 Abs. 3 Fall 1 GG garantiert nicht den jetzigen Bestand von sechzehn Bundesländern, sondern verlangt nur, dass mindestens zwei Länder oder mehr neben dem Bund bestehen bleiben.*

B. Der Begriff des Bundesstaates

I. Bundesstaat ist ein Gesamtstaat, bei dem die Ausübung der Staatsgewalt auf einen **Zentralstaat** (Bund) und mehrere **Gliedstaaten** (die Länder) aufgeteilt ist.

II. Der Bundesstaat ist abzugrenzen von den vergleichbaren Staatsformen Einheitsstaat und Staatenbund.

1. Beim **Einheitsstaat** hat nur der Zentralstaat Staatsqualität, nicht dagegen die einzelnen Untergliederungen, selbst wenn sie – wie beim stark dezentralisierten Einheitsstaat – über weitgehende Zuständigkeiten verfügen. Dagegen haben beim **Bundesstaat** die einzelnen Gliedstaaten Staatsqualität, verfügen also über Staatsgebiet, Staatsvolk und originäre Staatsgewalt.

Die **Staatsqualität der Länder** in der Bundesrepublik Deutschland ergibt sich in erster Linie aus Art. 30 GG, ergänzend aus dem Wesen des nach Art. 20 GG geltenden Bundesstaatsprinzips.

2. Beim **Staatenbund** handelt es sich um einen völkerrechtlichen Zusammenschluss von Staaten, bei dem zwar gemeinsame Organe gebildet werden, die aber Staatsgewalt lediglich nach außen hin ausüben. Nach innen bedürfen ihre Anordnungen der Umsetzung durch die Organe der im Staatenbund zusammengeschlossenen Staaten.

Beispiel: Der Deutsche Bund (1815–1866), dessen gemeinsames Bundesorgan „Bundestag" von den Gesandten der Mitgliedstaaten gebildet wurde.

Beim **Bundesstaat** mit gemeinsamer Verfassung üben dessen Organe dagegen **auch nach innen** unmittelbar Staatsfunktionen (Gesetzgebung, Verwaltung, Rechtsprechung) aus.

III. Da der Bundesstaat eine staatsrechtliche Staatenverbindung ist, ergibt sich die **Rechtsstellung von Bund und Ländern** aus der Verfassung. Insbesondere ergeben sich die Befugnisse der Länder in erster Linie aus dem GG und nur, soweit das GG keine Regelung trifft, aus dem Wesen des Bundesstaates. Das GG gestattet den Schluss, dass die Länder **nicht** (völlig) **souverän** sind, sondern in wesentlichen Bereichen durch die Befugnisse des Bundes beschränkt werden:

- In erster Linie gilt dies für die Gestaltung ihrer Verfassung. Nach dem in Art. 28 Abs. 1 S. 1 GG niedergelegten **Homogenitätsprinzip** müssen die Länderverfassungen „den Grundsätzen des republikanischen, demokratischen und sozialen Rechtsstaates i.S. dieses Grundgesetzes entsprechen". Gefordert wird jedoch nur ein „Mindestmaß an Homogenität", keine Gleichförmigkeit.

C. Aufgabenverteilung zwischen Bund und Ländern

Die Verteilung der staatlichen Aufgaben im Bundesstaat soll an dieser Stelle nur in den Grundzügen dargestellt werden, da die Zuständigkeitsverteilung im Einzelnen bei der Behandlung der Organe des Bundes (z.B. Bundestag und Bundesrat) und den Staatsfunktionen (Gesetzgebung, Verwaltung, Rechtsprechung) zu erörtern ist. Auszugehen ist von der organisatorischen Trennung von Bund und Ländern. Da Bund und Länder Staaten i.S.d. Völkerrechts sind, verfügen sie jeweils über eigene Gesetzgebungs-, Regierungs- und Verwaltungsorgane sowie Gerichte **(Trennungsprinzip)**.

Die Zuweisung staatlicher Aufgaben erfolgt entweder:

- hinsichtlich **konkret bezeichneter Aufgaben**, z.B. Bundeszuständigkeit für auswärtige Angelegenheiten (Art. 32 GG), Länderzuständigkeit für die Errichtung der Behörden und das Verwaltungsverfahren (Art. 84 Abs. 1 S. 1 GG) oder
- durch **Generalklauseln** für bestimmte Aufgabenbereiche: Art. 70 GG für die Gesetzgebung; Art. 83 GG für die Ausführung von Bundesgesetzen; Art. 92 GG für die Rechtsprechung.

Auffangtatbestand ist **Art. 30 GG:** Danach ist die Ausübung der staatlichen Befugnisse und die Erfüllung der staatlichen Aufgaben **Sache der Länder**, soweit das Grundgesetz keine andere Regelung trifft oder zulässt.

D. Bundesrecht und Landesrecht

Aufgrund der bundesstaatlichen Ordnung gibt es in der Bundesrepublik **Bundesrecht** und **Landesrecht**. Formal sind beide Rechtsordnungen streng getrennt: Jede Rechtsnorm des innerstaatlichen Rechts ist entweder Bestandteil des Bundesrechts oder des Landesrechts. Die Zuordnung erfolgt danach, ob die Rechtsnorm von einem Bundesorgan oder einem Landesorgan erlassen worden ist.

Danach sind z.B. Rechtsverordnungen der Landesregierung gemäß Art. 80 GG auch dann Landesrecht, wenn sie auf einer bundesgesetzlichen Ermächtigung beruhen.

Allerdings bestimmt Art. 31 GG: **„Bundesrecht bricht Landesrecht."** Dabei wird innerhalb des Bundesrechts nicht differenziert. Auch **einfaches Bundesrecht** bricht Landesrecht, selbst Landesverfassungsrecht muss zurücktreten.

Beispiel: Eine RechtsVO des Bundes ist höherrangig gegenüber der Landesverfassung.

E. Das Gebot zu bundesfreundlichem Verhalten (Bundestreue)

Das Gebot bundesfreundlichen Verhaltens ist eine **Konsequenz aus dem Bundesstaatsprinzip**. Es verpflichtet Bund und Länder zum Zusammenwirken, um die bundesstaatliche Ordnung zu erhalten und zu fördern. Es kann sowohl die Länder gegenüber dem Bund wie den Bund gegenüber den Ländern verpflichten als auch die Länder untereinander.

Bundesfreundliches Verhalten bedeutet dabei vor allem **gegenseitige Rücksichtnahme** bei der Ausübung der eigenen Kompetenzen: Selbst wenn eine Maßnahme an sich von einer Kompetenznorm gedeckt ist, darf sie nicht ohne Rücksicht auf die Interessen des Gesamtstaates getroffen werden **(„Kompetenzausübungsschranken")**. Die Bundestreue begründet aber **keine selbstständigen Rechte** und Pflichten zwischen Bund und Ländern bzw. im Verhältnis der Länder zueinander, sondern setzt ein bestehendes Rechtsverhältnis voraus. Sie wirkt nur innerhalb anderweitig **durch das GG** begründeter Rechte oder Pflichten, indem sie diese modifiziert oder ergänzt.

Das Gebot zu bundesfreundlichem Verhalten kann in **drei Richtungen** Geltung erlangen:

- Bei **Handlungen des Bundes zulasten der Länder** (Gebot des länderfreundlichen Verhaltens)
  - Erlass eines Bundesgesetzes unter Verstoß gegen Art. 70 Abs. 1 GG (z.B. im Bereich Polizei – Kultur – Kommunales) oder gegen Art. 72 Abs. 2 GG (vgl. unten S. 97 ff.).
  - Vor Erlass einer **Weisung** gemäß Art. 85 Abs. 3 S. 1 GG muss der Bund das jeweilige Bundesland anhören; außerdem muss die Weisung verhältnismäßig sein und nicht missbräuchlich erfolgen und muss eine schriftliche Begründung mit Abwägung der Landesinteressen enthalten.
- Bei **Handlungen der Länder zulasten des Bundes** (Gebot des bundesfreundlichen Verhaltens i.e.S.)
  - Gemeinden überschreiten ihre Verbandskompetenz durch Eingriffe in Bundeszuständigkeiten (z.B. durch Volksabstimmungen).
  - Ist der Bund aus einem völkerrechtlichen Vertrag verpflichtet und kann er diese Pflicht nicht allein, sondern nur mithilfe der Länder erfüllen (so insbesondere bei ausschließlichen Zuständigkeiten der Länder), so kann die Länder im Verhältnis zum Bund eine Pflicht zum Handeln treffen.
  - Erlass von Landesgesetzen unter Verstoß gegen Art. 71, 72 Abs. 1 GG (vgl. unten S. 97 ff.).

- Bei **Handlungen eines Landes zulasten eines anderen Landes** (interföderales Rücksichtnahmegebot)
  - Errichtung eines Kohle- oder Atomkraftwerkes nahe der Grenze zu einem anderen Bundesland.
  - Raumplanung ohne Berücksichtigung der Interessen von benachbarten Ländern.

BUNDESSTAATSPRINZIP

I. Begriff: ein Gesamtstaat, bei dem die Ausübung der Staatsgewalt auf einen **Zentralstaat** (Bund) u. mehrere **Gliedstaaten** (Länder) aufgeteilt ist

→ **Selbstständigkeit** der Länder
aber gewisse **Unterordnung** unter den Gesamtstaat

II. Regelung der Aufgabenverteilung

Trennungsprinzip Art. 30 GG:

- grds. Länder zuständig, wenn nicht Zuständigkeit des Bundes bestimmt

Zuständigkeitszuweisungen

- durch Spezialregeln, z.B. Art. 32 Abs. 1, 104a GG
- durch Generalklauseln nach Funktionen
  - Art. 70 ff.: Gesetzgebung
  - Art. 83 ff.: Verwaltung
  - Art. 92 ff.: Rechtsprechung

→ Unterscheidung Bundesrecht – Landesrecht
Art. 31 GG: Bundesrecht bricht Landesrecht
(i.d.R. ohne Bedeutung, da im Kollisionsfall meist schon Zuständigkeit fehlt)

III. Rechtsbeziehungen zwischen Bund und Ländern

1. Einwirkungsmöglichkeiten

- des Bundes auf die Länder
  (z.B. Art. 28 Abs. 3, 37, 83 ff., 104a Abs. 4, 107, 109 GG)
- der Länder auf den Bund, insbes. Art. 50 GG

2. Gebot zum **bundesfreundlichen Verhalten** (Bundestreue)

- verfassungsrechtliches Gewohnheitsrecht
- Inhalt: Zusammenwirkungspflicht, um bundesstaatliche Ordnung zu erhalten
- **Rechtsfolgen:**
  - keine selbstständigen Rechte und Pflichten
  - nur Hilfs-, Mitwirkungs-, Rücksichtnahmepflichten im Verhältnis Bund/Länder, Länder/Bund, der Länder untereinander

Check: Bundesstaatsprinzip

1. Was ist ein Bundesstaat?

1. Ein Bundesstaat ist ein Gesamtstaat, bei dem die Ausübung der Staatsgewalt auf einen Zentralstaat (Bund) und mehrere Gliedstaaten (die Länder) aufgeteilt ist.

2. Unterschied Bundesstaat–Einheitsstaat

2. Beim Einheitsstaat hat nur der Zentralstaat Staatsqualität, nicht aber die Untergliederungen. Beim Bundesstaat haben sowohl der Zentralstaat – der Bund – als auch die Untergliederungen – die Länder – vollumfängliche Staatsqualität.

3. Was bedeutet das sogenannte Homogenitätsprinzip aus Art. 28 Abs. 1 S. 1 GG?

3. Die Landesverfassungen müssen den Grundsätzen des republikanischen, demokratischen und sozialen Rechtsstaates i.S.d. GG entsprechen; jedoch sind geringfügige Abweichungen möglich, wie z.B. die thematisch unbeschränkte Zulassung von Volksabstimmungen („Homogenität bedeutet nicht Konformität").

4. Was besagt das Trennungsprinzip?

4. Die Zuständigkeiten der drei Gewalten müssen grundsätzlich auf Bundes- und Länderebene streng voneinander getrennt sein. Außerdem muss immer erkennbar sein, ob ein Hoheitsakt des Bundes oder eines Landes vorliegt.

5. Was bedeutet das Gebot zu bundesfreundlichem Verhalten?

5. Es verpflichtet Bund und Länder zum Zusammenwirken, um die bundesstaatliche Ordnung zu erhalten und zu fördern. Es kann sowohl die Länder gegenüber dem Bund, wie den Bund gegenüber den Ländern verpflichten, als auch die Länder untereinander.

6. Bitte nennen Sie Beispiele für die drei Anwendungsebenen des Gebots zum bundesfreundlichen Verhalten.

6. Handlungen des Bundes zulasten der Länder, z.B. ungeschriebene Anforderungen an eine Weisung gemäß Art. 85 Abs. 3 S. 1 GG.

Handlungen der Länder zulasten des Bundes, z.B. Erlass von Landesgesetzen unter Verstoß gegen Art. 71, 72 Abs. 1 GG.

Handlungen eines Landes zulasten eines anderen Landes, z.B. Errichtung eines Kohle- oder Atomkraftwerkes an der Grenze zu einem anderen Bundesland (sogenanntes interföderales Rücksichtnahmegebot).

7. Abschnitt: Staatsformmerkmale und Strukturprinzipien in der Klausurbearbeitung

A. Prüfungsreihenfolge

Konkretisierung der Staatsformmerkmale durch Fallgruppen!

Der Inhalt der Staatsformmerkmale bzw. Staatsstrukturprinzipien (im Wesentlichen aus dem Jahr 1949) ist abstrakt und kurz im GG formuliert, weil es nur so möglich ist, eine Grundlage bzw. Lösung für eine Vielzahl (noch) nicht überschaubarer verfassungsrechtlicher Fragestellungen zu schaffen. Insbesondere durch die Rspr. des BVerfG ist jedoch der knappe und abstrakte Text des GG in vielfacher Weise durch die Bildung von **Fallgruppen** konkretisiert und strukturiert worden.

In Anlehnung an diese Rspr. sowie die dreiteilige Grundrechtsprüfung (Schutzbereich betroffen – Eingriff – Eingriffsrechtfertigung) empfiehlt sich deshalb folgender Prüfungsgang/-aufbau:

Prüfungsgang

Rechtliche Herleitung

1. Bezeichnung des einschlägigen Staatsstrukturprinzips bzw. Staatsformmerkmals, Angabe seiner verfassungsrechtlichen Verankerung sowie die Nennung einer konkreten den allgemeinen Grundsatz spezifizierenden Ausprägung bzw. Fallgruppe

   Beispiel: Das Gesetz könnte gegen Art. 20 Abs. 3 GG verstoßen, Bestimmtheitsgebot.

Definition

2. Darstellung der konkreten Anforderungen der jeweils in Bezug genommenen Fallgruppe

   Beispiel: Das Bestimmtheitsgebot verlangt, abgestuft nach der Intensität des jeweiligen Grundrechtseingriffs, dass der Normadressat hinreichend deutlich erkennen kann, unter welchen Voraussetzungen er welche Rechtsfolgen zu erwarten hat.

Subsumtion

3. Subsumtion der konkret zu prüfenden hoheitlichen Maßnahme, Abwägung mit möglicherweise gegenläufigen Vorgaben des GG und Festlegen der konkreten Rechtsfolgen

B. Formulierungsbeispiele

I. Demokratie

„In Betracht kommt ein Verstoß gegen das Demokratieprinzip, das in Art. 20 Abs. 1 u. Abs. 2 GG verankert ist. Gemäß Art. 20 Abs. 2 S. 1 GG geht alle Staatsgewalt vom Volke aus. Dementsprechend findet die politische Willensbildung vom Volk zu den Staatsorganen statt. Daraus folgt für alle Staatsorgane die Pflicht zur parteipolitischen Neutralität. Aus diesem Grunde ist es den Staatsorganen verwehrt, im Vorfeld von Wahlen in amtlicher Funktion offen oder verdeckt für eine bestimmte Partei einzutreten. Allerdings sind die Staatsorgane befugt, Öffentlichkeitsarbeit zu betreiben. Die Öffentlichkeitsarbeit findet aber dort ihre Grenze, wo die unzulässige Wahlwerbung beginnt. Ob die Grenze überschritten ist, hängt von den Umständen des Einzelfalls ab. Abgrenzungskriterien sind insbesondere Inhalt, Aufmachung, Anlass und Adressatenkreis der Publikation. Besonders enge Grenzen gelten für regierungsamtliche Veröffentlichungen, die – wie im vorliegenden Fall – im nahen Umfeld einer Wahl erfolgen. Diese sind nur zulässig wenn, …" (vgl. Wüstenbecker RÜ 2012, 261, 262).

Rechtliche Herleitung

Definition

Subsumtion

II. Rechtsstaat

„Das Gesetz könnte gegen das Rechtsstaatsprinzip verstoßen. Dieses Prinzip ist in Art. 20 GG zwar nicht ausdrücklich erwähnt, seine verfassungsrechtliche Geltung wird aber in verschiedenen Vorschriften vorausgesetzt (z.B. Art. 23 Abs. 1 S. 1, Art. 28 Abs. 1 S. 1 GG) und ist deshalb allgemein anerkannt. Ausprägung des Rechtsstaatsprinzips ist u.a. das Gebot des Vertrauensschutzes, aus dem sich Einschränkungen für rückwirkende Gesetze ergeben. Vorliegend soll das Gesetz rückwirkend zum Jahresbeginn in Kraft treten. Darin könnte eine unzulässige echte Rückwirkung liegen. Dies setzt voraus, dass die Rechtsfolgen der Norm vor dem Zeitpunkt ihrer Verkündung gelten sollen. Vorliegend ergibt sich, dass …" (vgl. Wüstenbecker RÜ 2012, 261, 266).

Rechtliche Herleitung

Definition

Subsumtion

III. Sozialstaat

„Die Vorschriften des SGB II könnten den Anspruch auf Gewährleistung eines menschenwürdigen Existenzminimums verletzen. Dieser Anspruch ergibt sich aus Art. 1 Abs. 1 GG i.V.m. dem Sozialstaatsprinzip nach Art. 20 Abs. 1 GG, der dem Gesetzgeber den Auftrag erteilt, jedem ein menschenwürdiges Existenzminimum zu sichern. Hiervon umfasst werden …" (vgl. näher BVerfG RÜ 2010, 250, 251 und Wüstenbecker RÜ 2012, 261, 267).

IV. Bundesstaat

Rechtliche Herleitung

„Die Weigerung des Landes L, gegen die Stadt S kommunalaufsichtliche Maßnahmen zu ergreifen, könnte gegen den aus dem Bundesstaatsprinzip (Art. 20 Abs. 1 GG) folgenden Grundsatz der Bundestreue verstoßen.

Definition

Dieser gewohnheitsrechtlich anerkannte Grundsatz verpflichtet den Bund und die Länder, dem Wesen des Bundesstaates entsprechend zusammenzuwirken und zu seiner Festigung und zur Wahrung der Belange der Beteiligten beizutragen. Überschreiten Kommunen ihre Verbandskompetenz durch Eingriffe in Bundeszuständigkeiten sind die Länder deshalb zu kommunalaufsichtlichem Einschreiten verpflichtet.

Subsumtion

Hier hat der Rat der Stadt S beschlossen, dass … Damit hat der Rat unzulässigerweise Bundeskompetenzen in Anspruch genommen …" (vgl. Wüstenbecker RÜ 2012, 261, 268).

3. Teil: Bundestag und politische Parteien

1. Abschnitt: Der Bundestag als oberstes Verfassungsorgan des Bundes

Nach dem Demokratieprinzip ist das **Volk Träger der Staatsgewalt** (Art. 20 Abs. 2 S. 1 GG) und damit letztlich Quelle aller staatlichen Willensbildung. Das Volk handelt auf Bundesebene im Wesentlichen nur durch die Wahlentscheidung bei der Bundestagswahl (Art. 20 Abs. 2 S. 2 GG). Der gewählte Bundestag repräsentiert in seinen Entscheidungen, insbesondere Gesetzesbeschlüssen, das Volk **(Prinzip der repräsentativen Demokratie)**.

Der Bundestag wählt den Bundeskanzler und damit praktisch die Bundesregierung. Die Bundesminister entscheiden über die Ernennung der leitenden Beamten, diese wiederum, unmittelbar oder mittelbar über die Ernennung der übrigen Beamten. Auf diese Weise wird, wie vom Demokratieprinzip gefordert, das gesamte staatliche Handeln letztlich auf eine Entscheidung des Volkes zurückgeführt. Es besteht eine **ununterbrochene Legitimationskette** vom Volk zu den mit staatlichen Aufgaben betrauten Organen und Amtswaltern.

Der vom Volk gewählte Bundestag ist damit das einzige unmittelbar demokratisch legitimierte Staatsorgan des Bundes und lässt sich deshalb als **oberstes Verfassungsorgan** bezeichnen.

Weitere Verfassungsorgane sind:

- **Bundesrat** (Art. 50 ff. GG),
- Gemeinsamer Ausschuss als Notparlament (Art. 53a, 115e GG),
- **Bundespräsident** (Art. 54 ff. GG),
- Bundesversammlung (Art. 54 GG),
- **Bundesregierung und Bundeskanzler** (Art. 62 ff. GG),
- **Bundesverfassungsgericht** (Art. 93, 94 GG).

2. Abschnitt: Die Wahl des Bundestages

A. Wahlsystem

I. Beim **Wahlsystem** gibt es grundsätzlich zwei Möglichkeiten für die Verknüpfung der abgegebenen Stimmen mit den zu besetzenden Abgeordnetensitzen:

Bei der **Mehrheitswahl** wird das Wahlgebiet in so viele Wahlkreise eingeteilt, wie Sitze im Parlament zu vergeben sind. In jedem Wahlkreis wird ein Kandidat gewählt.

Bei der **absoluten** Mehrheitswahl siegt, wer mehr als 50% der abgegebenen Stimmen in seinem Wahlkreis auf sich vereinigt. Gelingt dies keinem Kandidaten, muss eine Stichwahl erfolgen (so z.B. in Frankreich). Bei der relativen Mehrheitswahl (so in Großbritannien) ist gewählt, wer mehr Stimmen als jeder andere Mitbewerber in seinem Wahlkreis erhält.

II. Beim **Verhältniswahlrecht** werden von den Parteien aufgestellte Listen gewählt. Jede Partei erhält so viel Sitze, wie es ihrem Prozentanteil an Stimmen entspricht.

Die Mehrheitswahl führt zwar regelmäßig zu stabilen Regierungsverhältnissen, benachteiligt aber Minderheiten. Beim Verhältniswahlrecht ist der Erfolgswert der abgegebenen Stimmen dagegen weitgehend gleich. Aber es droht eine Zersplitterung des Parlaments in zahlreiche kleine politische Gruppen, die nur schwer eine regierungsfähige Mehrheit bilden können. Der Gesetzgeber kann zwischen beiden Systemen grundsätzlich frei wählen.

III. Das Wahlsystem für die **Bundestagswahlen** ist nicht im GG niedergelegt, sondern hat nur die weiten Schranken des Art. 38 Abs. 1 S. 1 GG einzuhalten. Es findet sich im BWG und besteht aus einer Verbindung der beiden o.g. Systeme (sogenannte **personalisierte Verhältniswahl**):

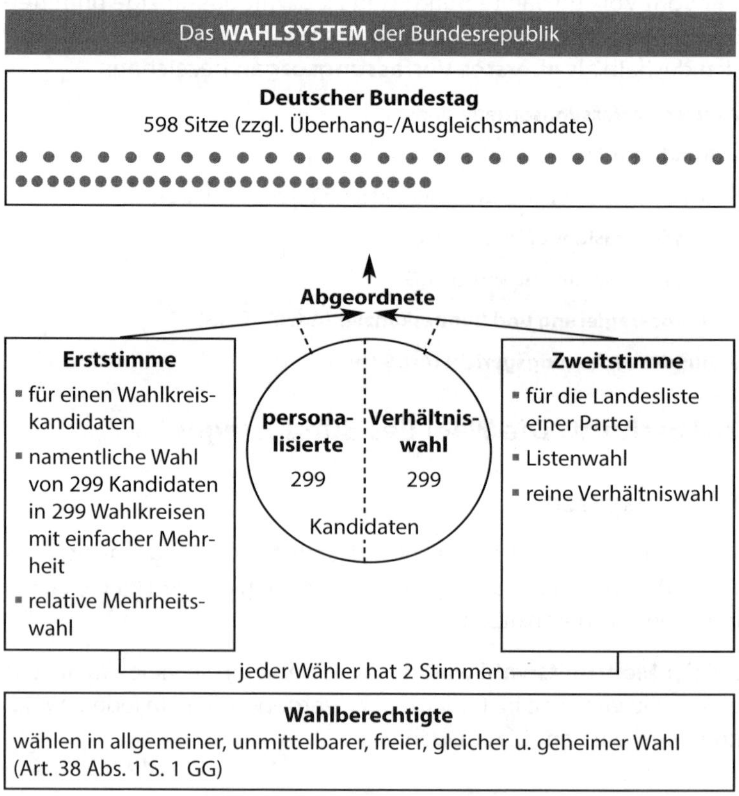

1. Der Bundestag hat grundsätzlich 598 Abgeordnete (§ 1 Abs. 1 BWG), wovon eine Hälfte (299) durch Mehrheitswahl (Direktmandate) und die andere (Listenmandate) nach den Grundsätzen der Verhältniswahl gewählt wird (§ 1 Abs. 2 BWG).

2. Jeder Wähler hat **zwei Stimmen:** eine Erststimme für die Wahl eines Wahlkreisabgeordneten, eine Zweitstimme für die Wahl einer Landesliste (§ 4 BWG).

3. Die **Verteilung der Sitze** richtet sich nach § 6 BWG:

a) 1. Stufe: Verteilung auf die Landeslisten der Parteien – Sitzkontingente nach Bevölkerungszahl

- Zusammenzählung der für jede Landesliste abgegebenen Zweitstimmen; § 6 Abs. 1 S. 1 BWG.
- Die Gesamtzahl der Sitze gemäß § 1 Abs. 1 S. 1 BWG (598) wird den Ländern nach deren Bevölkerungsanteil (§ 3 Abs. 1 BWG) zugeordnet; § 6 Abs. 2 S. 1 Hs. 1 BWG.
- Die so ermittelte Sitzzahl wird auf der Grundlage der zu berücksichtigenden Zweitstimmen den Landeslisten zugeordnet; § 6 Abs. 2 S. 1 Hs. 2 BWG.

Gemäß § 6 Abs. 3 S. 1 Hs. 1 BWG bleiben Parteien, die weniger als 5% der gültigen Zweitstimmen auf sich vereinigen konnten, bei der Sitzverteilung grundsätzlich unberücksichtigt (sogenannte **Sperrklausel**), sofern nicht mindestens drei Direktmandate errungen worden sind (sogenannte **Grundmandatsklausel** gemäß § 6 Abs. 3 S. 1 Hs. 2 BWG) oder eine **Partei nationaler Minderheiten** betroffen ist; § 6 Abs. 3 S. 2 BWG.

- Von der für jede Landesliste ermittelten Sitzzahl wird die Zahl der von der Partei in den Wahlkreisen des Landes erhobenen Direktmandate abgerechnet; § 6 Abs. 4 S. 1 BWG. Die restlichen Sitze werden streng nach Reihenfolge der jeweiligen Landesliste besetzt.
- Erringt eine Partei mehr Direktmandate als ihr nach der Sitzzahl gemäß § 6 Abs. 2 BWG zustehen, so verbleiben ihr auch diese Sitze als sogenannte **Überhangmandate**; § 6 Abs. 4 S. 2 BWG.

b) 2. Stufe: Ausgleichverfahren bei Überhangmandaten

Gemäß § 6 Abs. 5 u. Abs. 6 BWG erfolgt ein vollständiger Ausgleich für die anderen Parteien, die kein Überhangmandat errungen haben (sogenannte **Ausgleichsmandate**). Damit entspricht die endgültige Sitzverteilung im Bundestag exakt dem Zweitstimmenanteil aller Parteien bei der jeweiligen Bundestagswahl.

! ***Hinweis:*** *Die Summe aus der Mindestsitzzahl des BT (598) sowie aus den Überhangmandaten (bei der Wahl 2017: 46) und den Ausgleichsmandaten (bei der Wahl 2017: 65) ergibt die* ***„Zahl der Mitglieder des Bundestages" = 709 zu Beginn der 19. Wahlperiode*** *(z.B. i.S.v. Art. 42 Abs. 1, 79 Abs. 2, 93 Abs. 1 Nr. 2 GG).*

1. Was ist der Unterschied zwischen Verhältniswahl und Mehrheitswahl?	**1.** Bei der Mehrheitswahl ist der Kandidat oder die Partei gewählt, die die Mehrheit der Stimmen auf sich vereinigt. Bei der Verhältniswahl erhalten alle Kandidaten bzw. Parteien Sitze entsprechend ihrem Verhältnis an den abgegebenen Stimmen.
2. Welches Wahlsystem gilt für die Wahlen zum Deutschen Bundestag?	**2.** Das Bundeswahlgesetz sieht ein Mischwahlsystem vor aus Verhältnis- und Mehrheitswahl, wobei die Erststimmen nach dem Grundsatz des Mehrheitswahlrechts ausgezählt werden, und die Zweitstimmen nach den Grundsätzen der Verhältniswahl (sogenannte personalisierte Verhältniswahl).
3. Was ist der Inhalt der sogenannten Sperrklausel in § 6 Abs. 3 S. 1 BWG?	**3.** Parteien, die weniger als 5% der gültigen Zweitstimmen auf sich vereinigen, bleiben bei der Sitzverteilung grundsätzlich unberücksichtigt.
4. Was ist ein Überhangmandat?	**4.** Sofern eine Partei in einem Bundesland mehr Direktmandate errungen hat als ihr nach dem Landesproporz zustehen, wird die gesetzliche Mitgliederzahl des Bundestages entsprechend erhöht.
5. Was sind Ausgleichsmandate?	**5.** Ausgleichsmandate dienen zum Ausgleich von Überhangmandaten, damit Parteien, die keine Überhangmandate erzielt haben, nicht benachteiligt werden und die endgültige Sitzverteilung den Zweitstimmenanteilen aller Parteien entspricht.

B. Wahlrechtsgrundsätze (Art. 38 Abs. 1 S. 1 GG)

Die für die Bundestagswahl maßgebenden Rechtsvorschriften finden sich

- in den **Wahlrechtsgrundsätzen** des Art. 38 Abs. 1 S. 1 GG und der Vorschrift über die **Wahlberechtigung** (Art. 38 Abs. 2 GG)
- und im **Bundeswahlgesetz** (BWG) als Konkretisierung des Gesetzesvorbehaltes in Art. 38 Abs. 3 GG.

Art. 38 Abs. 1 S. 1 GG normiert die fünf grundlegenden **Wahlrechtsgrundsätze:** Die Abgeordneten des Deutschen Bundestages werden in

- **allgemeiner**,
- **unmittelbarer**,
- **freier**,
- **gleicher** und
- **geheimer** Wahl gewählt.

Als ungeschriebener Grundsatz kommt hinzu die **Öffentlichkeit** der Wahl.

I. Allgemeinheit der Wahl

Gilt für aktives und passives Wahlrecht

1. Die **Allgemeinheit** der Wahl betrifft die Teilnahme an der Wahl in den beiden Beteiligungsformen: wählen und gewählt werden **(aktives und passives Wahlrecht)**. Im Hinblick auf diese beiden Formen ist Gleichbehandlung erforderlich. Der Grundsatz der Allgemeinheit der Wahl ist ein Spezialfall des allgemeinen Gleichheitssatzes. Allgemeinheit der Wahl bedeutet, dass das **aktive und passive Wahlrecht** grundsätzlich **allen Bevölkerungsgruppen in gleicher Weise offen stehen muss**; erfasst wird auch das Recht des Bürgers oder Parteimitgliedes, Wahlvorschläge zu machen. Unzulässig ist es daher, bestimmte Bevölkerungsgruppen aus politischen, wirtschaftlichen oder sozialen Gründen von der Ausübung des Wahlrechts auszuschließen. Zulässig sind **Einschränkungen** der Allgemeinheit der Wahl nur, wenn sie ihrerseits allgemein gehalten sind und für sie ein **zwingender Grund** besteht, also ein Wert mit Verfassungsrang, der nach Einzelfallabwägung höher wiegt als die Allgemeinheit der Wahl.

Beispiel: „Zwingender Grund" für die Ungleichbehandlung von Wahlbewerbern können z.B. Inkompatibilitätsvorschriften sein i.S.v. Art. 137 Abs. 1 GG z.B. i.V.m. § 28 Nr. 2 BWG (wegen Art. 20 Abs. 3 GG, Rechtsstaatsprinzip, Grundsatz der persönlichen Gewaltenteilung).

2. Wahlberechtigt sind insbesondere nur **Deutsche** und nicht Ausländer (§§ 1, 12 BWG). Dies entspricht dem Wesen der Wahlen zu den Staatsorganen, die durch das **Staatsvolk** erfolgen (Art. 20 Abs. 2 GG; s.o. S. 7). Der Ausschluss von Ausländern bei Wahlen zum Deutschen Bundestag verletzt nicht den Grundsatz der allgemeinen Wahl.

3. Eine weitere Einschränkung ergibt sich aus dem Erfordernis der **Sesshaftigkeit** im **Wahlgebiet**. Da die Beteiligung an Wahlen Bestandteil des ständigen Willensbildungsprozesses vom Staatsvolk zu den Verfassungsorganen ist, der eine gewisse Vertrautheit und Verbundenheit der Wähler mit den Verhältnissen im Wahlgebiet voraussetzt, ist die Anknüpfung an den Wohnsitz verfassungsrechtlich unbedenklich.

Während früher nur Deutsche wahlberechtigt waren, die am Wahltag seit mindestens drei Monaten im Bundesgebiet ihren Wohnsitz oder gewöhnlichen Aufenthalt hatten, sind nunmehr grundsätzlich auch Deutsche im Ausland wahlberechtigt (vgl. § 12 Abs. 2 BWG).

Weitere zulässige Einschränkungen der Allgemeinheit der Wahl ergeben sich z.B. im Hinblick auf das **Wahlalter** sowie geistig-körperliche und staatsbürgerliche Mängel (vgl. §§ 13, 15 BWG).

II. Gleichheit der Wahl

Aktive und passive Wahlgleichheit

Grundsätzlich sollen alle Wähler mit ihren Stimmen den gleichen Einfluss auf das Wahlergebnis haben (**aktive Wahlrechtsgleichheit**, grundsätzlich **gleicher Erfolgswert** jeder Wählerstimme) und alle Wahlkandidaten sollen bei Wahlen die gleichen Chancen haben **(passive Wahlrechtsgleichheit)**.

Erfasst wird der gesamte Wahlvorgang von der Aufstellung der Bewerber über die Stimmabgabe und Auswertung der abgegebenen Stimmen bis zur Zuteilung der Abgeordnetensitze im Bundestag. Wie bei der Allgemeinheit der Wahl wird auch das Recht des Bürgers oder Parteimitgliedes, Wahlvorschläge zu machen, erfasst.

1. Aktive Wahlrechtsgleichheit

a) Die aktive Wahlrechtsgleichheit (zugunsten des Wählers) gewährleistet zunächst, dass jede abgegebene Stimme bei der Bundestagswahl gleich zählt **(gleicher Zählwert)**. Eine unterschiedliche Gewichtung der Wählerstimmen, wie z.B. bis 1918 im Preußischen Klassenwahlrecht, ist damit absolut unzulässig.

b) In der Praxis erheblich wichtiger ist der Grundsatz des **gleichen Erfolgswertes**, d.h. dass jede Wählerstimme grundsätzlich auch den gleichen Einfluss auf das Wahlergebnis, insbesondere auf die Verteilung der Sitze im Bundestag, haben muss.

Wichtiges Beispiel ist die **5%-Sperrklausel:** Gemäß § 6 Abs. 3 S. 1 BWG werden bei der Verteilung der Sitze auf die Landeslisten nur Parteien berücksichtigt, die mindestens fünf von Hundert der im Wahlgebiet abgegebenen gültigen Zweitstimmen erhalten haben.

Der **Erfolgswert** der Zweitstimmen, die auf eine diese Bedingung nicht erfüllende Partei entfallen, ist stets Null, selbst wenn es sich hierbei um Parteien handelt, die mehr als 2 Mio. Stimmen auf sich vereinigen konnten, eine Stimmenzahl, mit der eine der größeren Parteien ca. 30 Abgeordnete erhält. Grundsätzlich fordert der Grundsatz der Gleichheit der Wahl auch die Gleichheit des Erfolgswertes (s.o.). Differenzierungen sind nur ausnahmsweise zulässig, wenn der Zweck des Wahlverfahrens es **zwingend** erfordert. Dies wird vom BVerfG und der h.L. bejaht.

Zur Begründung wird vor allem darauf verwiesen, dass eine strikt durchgeführte Wahlrechtsgleichheit es auch kleinen Gruppen mit zerstreuter Wählerschaft oder reinen Interessenorganisationen ermöglichen würde, in das Parlament zu gelangen. Dadurch würde die **Gefahr einer übermäßigen Parteienzersplitterung** heraufbeschworen und – wie die Erfahrungen in der Weimarer Republik gezeigt haben – eine Regierungsbildung erschwert, wenn nicht gar unmöglich gemacht. In diesen staatspolitischen Gefahren sieht das BVerfG besonders wichtige Gründe, die ausnahmsweise den Gesetzgeber berechtigen, in gewissen, eng umschriebenen Grenzen vom Grundsatz der formalen Wahlrechtsgleichheit abzuweichen. Eine Sperrklausel ist daher grundsätzlich verfassungsgemäß; nach h.M. allerdings nur, wenn sie 5% nicht übersteigt.

Bei der Europawahl und bei Kommunalwahlen sind Sperrklauseln nach Auffassung des BVerfG dagegen verfassungswidrig (vgl. zuletzt BVerfG, Urt. v. 26.02. 2014 – 2 BvE 2/13 u.a., NVwZ 2014, 439).

2. Passive Wahlrechtsgleichheit

Der Grundsatz der Gleichheit der Wahl gilt ferner für diejenigen, die sich um ein Mandat bewerben, sowie für die sie unterstützenden **Parteien** („Chancengleichheit"). Der Grundsatz der passiven Wahlrechtsgleichheit gilt dabei auch für die Annahme und Ausübung eines errungenen Mandats. Eine Differenzierung bedarf daher auch hier stets eines **zwingenden** Grundes.

a) Für die Wahlbewerber kann allerdings kein gleicher Wahlerfolg gewährleistet werden, vielmehr wirkt sich die **Wahlgleichheit** für sie als **Chancengleichheit** aus.

b) Der Grundsatz der Chancengleichheit verlangt nicht, dass die sich aus der verschiedenen Größe, Leistungsfähigkeit und politischen Zielsetzung der Parteien ergebenden Unterschiede durch hoheitlichen Eingriff ausgeglichen werden **(Prinzip der abgestuften Chancengleichheit)**. Erforderlich ist nur, dass die Rechtsordnung jeder Partei und jedem Wahlbewerber grundsätzlich die gleichen Möglichkeiten im Wahlkampf und Wahlverfahren und damit die gleiche Chance im Wettbewerb um die Wählerstimmen gewährleistet.

Beispiel: Unzulässig ist eine „Wahlwerbung auf Staatskosten" (s.o. S. 9 f.).

III. Unmittelbarkeit der Wahl; Höchstpersönlichkeit des Wahlrechts

1. Unmittelbarkeit der Wahl bedeutet, dass zwischen Stimmabgabe des Wählers und Ermittlung der gewählten Abgeordneten keine weitere Instanz mit Entscheidungsbefugnissen eingeschaltet werden darf.

Unzulässig wäre also z.B. ein Wahlmännergremium, wie bei der Wahl des US-Präsidenten. **Unzulässig** ist ferner, wenn Parteien oder Fraktionen berechtigt sind, nach der Wahl Kandidaten auszuwechseln, die Reihenfolge auf den Listen zu ändern oder Ersatzleute für ausgeschiedene Kandidaten zu bestimmen.

2. Überwiegend als Unterfall des Unmittelbarkeitsgrundsatzes wird angesehen die **Höchstpersönlichkeit des Wahlrechts**. Dies bedeutet insbesondere, dass das Wahlrecht weder veräußert noch übertragen werden kann.

Beispiel: Übertragung des Wahlrechts der minderjährigen Kinder auf die Eltern im Rahmen des (unzulässigen) **Familienwahlrechts**.

3. Zulässig ist es hingegen, dass gemäß § 6 BWG die Verteilung der Abgeordnetensitze im Bundestag grundsätzlich entsprechend den Anteilen der Landesliste der Parteien erfolgt, die mit der Zweitstimme gewählt wird und deren inhaltliche Ausgestaltung vom Wahlbewerber unmittelbar nicht beeinflusst werden kann, sondern ausschließlich von der jeweiligen Partei aufgrund des **Listenprivilegs** in § 27 Abs. 1 BWG. Die Vereinbarkeit mit dem Grundsatz der Unmittelbarkeit der Wahl wird insbesondere damit begründet, dass gemäß Art. 21 GG, konkretisiert durch § 1 ParteiG auch die Parteien von Verfassungs wegen berechtigt sind, an der politischen Willensbildung des Volkes mitzuwirken, insbes. durch Beteiligung an den Wahlen in Bund, Ländern und Gemeinden durch Aufstellung von Bewerbern. Außerdem wird darauf hingewiesen, dass die parteiinterne Auswahl der Bewerber und die Aufstellung der Landeslisten gemäß Art. 21 Abs. 2 GG nach demokratischen Grundsätzen zu erfolgen hat und dass nach Aufstellung der Liste durch eine Partei die Reihenfolge der Bewerber nicht mehr verändert werden darf.

Aus ähnlichen Gründen ist auch **zulässig** die Regelung in § 48 Abs. 1 S. 2 BWG, wonach bei der Listennachfolge diejenigen Listenbewerber unberücksichtigt bleiben, die seit dem Zeitpunkt der Aufstellung der Landesliste aus dieser Partei ausgeschieden (durch Austritt oder Ausschluss) oder Mitglied einer anderen Partei geworden sind.

IV. Freiheit der Wahl

Freiheit der Wahl verlangt, dass kein öffentlicher oder privater Zwang auf den Inhalt der Wahlentscheidung ausgeübt werden darf.

Unzulässig ist danach selbstverständlich eine Wahlbeeinflussung durch staatliche Stellen (Neutralitätspflicht, s.o. S. 11). Aber auch Einwirkungen Privater sind unzulässig, wenn sie die Entscheidungsfreiheit der Wähler **ernstlich beeinträchtigen** können.

Zur Wahlfreiheit gehört auch ein grundsätzlich freies Wahlvorschlagsrecht für alle Wahlberechtigten. Dieses setzt seinerseits eine freie Kandidatenaufstellung unter Beteiligung der Mitglieder der Partei voraus. Die Auswahl der Kandidaten darf weder rechtlich noch tatsächlich deren Führungsgremien zur alleinigen Entscheidung überlassen bleiben.

Diskutiert wird in diesem Zusammenhang die Beschränkung der Veröffentlichung von **Wahlumfragen** in den letzten Wochen vor der Wahl, da hierdurch die Wahlentscheidung möglicherweise beeinflusst werden könnte. Ob hierin überwiegende Gründe des Gemeinwohls zu sehen sind, die eine Einschränkung der Berufsfreiheit der Meinungsforschungsinstitute (Art. 12 GG) rechtfertigen könnten, ist noch ungeklärt.

Da auch die Entscheidung über Teilnahme oder Nichtteilnahme selbst eine politische Stellungnahme ist, hält die Lit. überwiegend auch die Einführung einer **Wahlpflicht** für **unzulässig**.

V. Geheimheit der Wahl

Der Grundsatz der **geheimen Wahl** dient der Absicherung der Wahlfreiheit, da bei Offenbarung der Wahl leicht Druck vom politischen Gegner ausgeübt werden kann. Er gibt dem Wähler das Recht, den Inhalt seiner Wahlentscheidung für sich zu behalten und gebietet Vorkehrungen organisatorischer Art beim Wahlvorgang (z.B. Wahlkabinen). Unzulässig ist auch die Ausforschung des Wählerwillens vor oder nach der Wahl. Zulässig ist dagegen eine freiwillige Offenbarung.

Gefährdet ist das Wahlgeheimnis – und auch die Freiheit der Wahl – bei der **Briefwahl**, weil u.U. die Stimmabgabe von Dritten kontrolliert oder manipuliert werden kann. Gleichwohl wird die Briefwahl mit der Begründung für verfassungsgemäß qualifiziert, sie sei nur bei wichtigem Grund zulässig und verwirkliche gerade die Allgemeinheit der Wahl für die Wähler, die sonst aus gesundheitlichen oder sonstigen Gründen an der Stimmabgabe gehindert wären. Der Briefwähler habe die Möglichkeit, geheim und frei zu wählen und müsse überdies eidesstattlich versichern, dass er den Stimmzettel persönlich gekennzeichnet hat.

VI. Öffentlichkeit der Wahl

1. Herleitung

Der Grundsatz der Öffentlichkeit der Wahl wurde vom BVerfG zunächst nur aus dem Demokratieprinzip hergeleitet („Grundvoraussetzung für demokratische Willensbildung"), während in einem späteren Urteil auch andere Verfassungsprinzipien i.V.m. Art. 38 Abs. 1 S. 1 GG herangezogen wurden (vgl. auch § 31 BWG).

„Grundlagen … bilden die verfassungsrechtlichen Grundentscheidungen für Demokratie, Republik und Rechtsstaat (Art. 38 Abs. 1 S. 1 i.V.m. Art. 20 Abs. 1, Abs. 2 GG)." BVerfG, Urt. v. 03.03.2009 – 2 BvC 3/07, RÜ 2009, 243.

2. Inhalt und Anwendungsbereich

Die Öffentlichkeit der Wahl soll die **Ordnungsgemäßheit** und **Nachvollziehbarkeit** des Wahlvorgangs sichern und damit eine wesentliche Voraussetzung für begründetes Vertrauen der Bürger in den korrekten Ablauf der Wahl schaffen. Die Staatsform der parlamentarischen Demokratie verlangt, dass der Akt der Übertragung der Verantwortung auf die Parlamentarier einer öffentlichen Kontrolle unterliegt, damit **Manipulationen ausgeschlossen** und unberechtigter Verdacht widerlegt werden können.

Die Öffentlichkeit im Wahlverfahren umfasst die gesamte Wahl, also das Wahlvorschlagsverfahren, die Wahlhandlung (in Bezug auf die Stimmabgabe durchbrochen durch das Wahlgeheimnis) und die Ermittlung des Wahlergebnisses. Wie Art. 38 Abs. 1 GG gilt die Öffentlichkeit der Wahl für alle demokratischen Wahlen wegen Art. 28 Abs. 1 S. 2 GG also auch in den Ländern und in den Gemeinden.

Beispiel: Einsatz von Wahlcomputern gemäß § 35 BWG (verfassungsgemäß) i.V.m. BWGVO (verfassungswidrig). „Die BWGV enthält jedoch keine Regelungen die sicherstellen, dass nur solche Wahlgeräte zugelassen und verwendet werden, die den verfassungsrechtlichen Voraussetzungen des Grundsatzes der Öffentlichkeit genügen. … Aus der BWGV ergibt sich insbesondere nicht, dass nur Wahlgeräte eingesetzt werden dürfen, die dem Wähler bei Abgabe seiner Stimme eine verlässliche Kontrolle ermöglichen, ob seine Stimme unverfälscht erfasst wird. Die Verordnung stellt auch keine konkreten inhaltlichen und verfahrensmäßigen Anforderungen in Bezug auf eine verlässliche Kontrolle der Ergebnisermittlung." (BVerfG, Urt. v. 03.03.2009 – 2 BvC 3/07, RÜ 2009, 243)

VII. Verfassungsprozessuale Bedeutung von Art. 38 Abs. 1 S. 1 GG

Insbesondere in seinen beiden Urteilen zur europäischen Integration (Vertrag von Maastricht, Vertrag von Lissabon) hat das BVerfG ausgeführt, dass **über Art. 38 Abs. 1 S. 1 GG** als grundrechtsgleiches Recht auch **mögliche Verstöße gegen das Demokratieprinzip** im Wege der Verfassungsbeschwerde (Art. 93 Abs. 1 Nr. 4 a GG) geltend gemacht werden können.

Im Urteil des BVerfG zum Vertrag von Lissabon heißt es dazu: „Das Wahlrecht begründet einen Anspruch auf demokratische Selbstbestimmung, auf freie und gleiche Teilhabe an der in Deutschland ausgeübten Staatsgewalt sowie auf die Einhaltung des Demokratiegebots einschließlich der Achtung der verfassungsgebenden Gewalt des Volkes. Die Prüfung einer Verletzung des Wahlrechts umfasst in der hier gegebenen prozessualen Konstellation auch Eingriffe in die Grundsätze, die Art. 79 Abs. 3 als Identität der Verfassung festschreibt. … Der Bürger kann deshalb unter Berufung auf das Wahlrecht die Verletzung demokratischer Grundsätze mit der Verfassungsbeschwerde rügen (Art. 38

Abs. 1 S. 1, 20 Abs. 1 und Abs. 2 GG)." BVerfG, Urt. v. 30.06.2009 – 2 BvE 2/08 u.a., RÜ 2009, 519.

VIII. Rechtsnatur und Prüfungsaufbau der Wahlrechtsgrundsätze

- **Unmittelbarkeit, Freiheit und Geheimheit** der Wahl sind **besondere Freiheitsrechte**, sodass sich folgender Prüfungsaufbau empfiehlt:
  - **Eingriff in den Schutzbereich**
  - **Eingriffsrechtfertigung** durch (höherwertigen) zwingenden staatspolitischen Grund = Wert mit Verfassungsrang.
- **Allgemeinheit** und **Gleichheit** der Wahl sind dagegen **besondere Gleichheitsrechte**, sodass sich folgende Prüfung anbietet:
  - **Ungleichbehandlung** von zwei Vergleichsgruppen,
  - **Rechtfertigung** der Ungleichbehandlung durch einen (höherwertigen) zwingenden staatspolitischen Grund = Wert mit Verfassungsrang.

1. Was bedeutet „Allgemeinheit der Wahl"?	**1.** „Allgemeinheit der Wahl" bedeutet, dass das aktive und passive Wahlrecht grundsätzlich allen Bevölkerungsgruppen in gleicher Weise offenstehen muss; erfasst wird auch das Recht des Bürgers oder Parteimitgliedes, Wahlvorschläge zu machen.
2. Was bedeutet „Gleichheit der Wahl"?	**2.** Bei der „Gleichheit der Wahl" ist zu unterscheiden die aktive und die passive Wahlrechtsgleichheit. Die aktive Wahlrechtsgleichheit gewährleistet, dass grundsätzlich alle Wähler mit ihren Stimmen den gleichen Einfluss auf das Wahlergebnis haben (gleicher Zählwert, gleicher Erfolgswert); die passive Wahlrechtsgleichheit soll garantieren, dass alle Wahlkandidaten bei Wahlen die gleichen Chancen haben.
3. Nennen Sie ein Beispiel, bei dem die aktive Wahlrechtsgleichheit problematisch ist.	**3.** Wichtigstes Beispiel ist die 5% Sperrklausel nach § 6 Abs. 3 BWG.
4. Welche Stimmen haben in dem soeben genannt Beispiel unterschiedlichen Erfolgswert („Ungleichbehandlung")?	**4.** Aufgrund der Sperrklausel werden bei der Verteilung der Sitze auf die Landeslisten grundsätzlich nur Parteien berücksichtigt, die mindestens 5% der im Wahlgebiet abgegebenen gültigen Zweitstimmen erhalten haben. Folglich haben Zweitstimmen für Parteien, die diese Anforderung erfüllen, vollen Erfolgswert; Stimmen für Parteien, die diese Anforderung nicht erfüllen, grundsätzlich überhaupt keinen Erfolgswert.
5. Was ist in dem Beispiel der zwingende staatspolitische Grund, der den unterschiedlichen Erfolgswert von Zweitstimmen rechtfertigt?	**5.** Bei der 5% Sperrklausel ist zwingender Grund nach h.M. die Funktionsfähigkeit der parlamentarischen Arbeit, im Wesentlichen abgeleitet aus dem Demokratieprinzip.
6. Warum verstößt Wahlwerbung auf Staatskosten gegen den Grundsatz der passiven Wahlrechtsgleichheit aus Art. 38 Abs. 1 S. 1 GG?	**6.** Zunächst erfolgt dadurch eine Ungleichbehandlung von Kandidaten der Oppositionsparteien im Vergleich zu Kandidaten der Regierungsparteien, die neben der Werbung auf Parteikosten außerdem Wahlwerbung auf Staatskosten betreiben können. Für diese Ungleichbehandlung besteht kein zwingender staatspolitischer Grund, sodass u.a. ein Verstoß gegen die passive Wahlrechtsgleichheit vorliegt.

7. Warum ist das sogenannte Listenprivileg aus § 27 Abs. 1 BWG ein Eingriff in den Schutzbereich von Art. 38 Abs. 1 S. 1 GG (Unmittelbarkeit der Wahl)?

7. Unmittelbarkeit der Wahl bedeutet, dass zwischen Stimmabgabe des Wählers und Ermittlung der gewählten Abgeordneten grundsätzlich keine weitere Instanz mit Entscheidungsbefugnissen eingeschaltet werden darf. Dieser Grundsatz wird durchbrochen durch das Listenprivileg, wonach ausschließlich die Parteien die mit der Zweitstimme zu wählenden Listen in einer bestimmten Reihenfolge aufstellen, ohne Einflussmöglichkeit des Bürgers.

8. Ist im vorherigen Beispiel der Eingriff in den Schutzbereich gerechtfertigt?

8. Der Eingriff in den Schutzbereich ist gerechtfertigt wegen Art. 21 GG, konkretisiert durch § 1 ParteiG, wonach auch die Parteien von Verfassungs wegen berechtigt sind, an der politischen Willensbildung des Volkes mitzuwirken, insbesondere durch Beteiligung an den Wahlen im Bund durch Aufstellung von Bewerbern.

3. Abschnitt: Die Zuständigkeiten und Aufgaben des Bundestages; Mehrheiten

A. Zuständigkeiten und Aufgaben

I. Zuständigkeiten des Bundestages

Die Zuständigkeit des Bundestages ist an keiner Stelle im GG grundsätzlich geregelt. Sie wird überwiegend dahin umschrieben, dass der Bundestag als das oberste, das Volk repräsentierende Verfassungsorgan über **umfassende Zuständigkeiten** verfügt, die aber **durch die Zuständigkeiten der anderen Staatsorgane eingeschränkt** werden.

Der Bundestag (BT) hat folgende **Hauptaufgaben**:

- Wahl bestimmter Staatsorgane (z.B. Art. 63, 94 Abs. 1 S. 2 GG); sogenannte **Wahl- oder Kreationsfunktion**,
- **Kontrollfunktion** gegenüber der Exekutive,

  z.B. das **Zitierrecht** (Art. 43 Abs. 1 GG), **Frage- bzw. Interpellationsrecht** (i.V.m. §§ 100–106 GO BT i.V.m. Anlage 4 u. 7), Einsatz der Bundeswehr im Ausland, Art. 23 Abs. 2 u. 3, Art. 44, 45b, Art. 59 Abs. 2 S. 1 GG u.a.,
- **Gesetzgebungs- und Budgetrecht** (vgl. Art. 77, 110 GG).
- **Repräsentationsfunktion**

  Demokratie als Herrschaft über das Volk durch gewählte Repräsentanten (Art. 20 Abs. 2 GG) und Repräsentation des Volkes durch seine Abgeordneten (Art. 38 Abs. 1 S. 2 GG).

II. Prüfungsfolge

In der Klausur empfiehlt sich folgende Prüfung:

1. Die Zuständigkeit des BT kann sich aus **Spezialvorschriften** ergeben.

Beispiele: Wahl des Bundeskanzlers (Art. 63, 67, 68 GG); Gesetzesinitiative, Beratung und Beschlussfassung bei Bundesgesetzen (Art. 76 ff. GG); das Zitierrecht nach Art. 43 Abs. 1 GG, das Enqueterecht nach Art. 44 GG und das Recht zu Anfragen (Interpellationsrecht) nach §§ 100 ff. GO BT; das Recht zur Anklage des Bundespräsidenten (Art. 61 GG) sowie Feststellung des Verteidigungsfalles (Art. 115a GG).

2. Falls eine Spezialvorschrift nicht eingreift, so ist grundsätzlich von einer **umfassenden Zuständigkeit** des Bundestages auszugehen, die jedoch in zweifacher Hinsicht **eingeschränkt** wird:

- durch das **Bundesstaatsprinzip** und
- durch das **Gewaltenteilungsprinzip**.

a) Der Bundestag kann nur zuständig sein, wenn die Sachfrage in die **Kompetenz des Bundes** fällt. Um eine Befassung des Bundestages mit einem bestimmten Thema zu rechtfertigen, ist es ausreichend, dass ein Sachzusammenhang mit einer Bundeszuständigkeit besteht. Beispielsweise darf der Bundestag über alle Fragen diskutieren, die im Bereich der Bundesgesetzgebung oder der Bundesverwaltung bedeutsam werden.

b) Es darf kein **anderes (Bundes-)Organ zuständig** sein. In erster Linie wird der Bundestag durch die Befugnisse der **Exekutive** (Regierung und Verwaltung) beschränkt. Hierbei ist aber zu beachten, dass der Bundestag bezüglich der Exekutive über eine Kontrollfunktion verfügt.

Kaum Schwierigkeiten bereitet die Abgrenzung der Befugnisse des Bundestages zur **Rechtsprechung**. Selbstverständlich darf der Bundestag nicht in gerichtliche Verfahren eingreifen. Im Übrigen ist es aber wegen der jederzeit gegebenen Möglichkeit, Missstände durch Gesetz zu regeln, grundsätzlich zulässig, dass der Bundestag sich auch mit Fragen befasst, die Gegenstand der Rechtsprechung sind.

B. Mehrheiten

- Der Bundestag fasst seine Beschlüsse grundsätzlich mit der **einfachen Mehrheit der abgegebenen Stimmen** (Art. 42 Abs. 2 GG, **relative Mehrheit**). Angenommen ist der Antrag, wenn die Zahl der Ja- Stimmen die der Nein-Stimmen um mindestens eine übersteigt; auf die Zahl der anwesenden Abgeordneten kommt es grundsätzlich nicht an (vgl. noch unten S. 58). Bei Stimmengleichheit ist ein Antrag abgelehnt (vgl. § 48 Abs. 2 GO BT). Stimmenthaltungen und ungültige Stimmen zählen für die Feststellung der Mehrheit nicht mit. Sie sind keine „abgegebenen" Stimmen. Ansonsten würde eine Enthaltung automatisch wie eine „Nein-Stimme" wirken.
- In bestimmten Fällen fordert das GG die (einfache) **Mehrheit der Mitglieder des Bundestages** (sog. **absolute Mehrheit**, Kanzlermehrheit). Sie bezieht sich gemäß Art. 121 GG auf die gesetzliche Mitgliederzahl des Bundestages (unabhängig von den jeweils anwesenden Abgeordneten) unter Einbeziehung der

Überhang- und Ausgleichsmandate; vgl. § 1 Abs. 1 BWG. Diese beträgt im Normalfall 598, sodass die absolute Mehrheit 300 Stimmen beträgt (zu Beginn der 19. Wahlperiode 355 bei 709 Bundestagsabgeordneten).

Die absolute Mehrheit ist erforderlich z.B. bei der Kanzlerwahl (Art. 63 GG), beim konstruktiven Misstrauensvotum (Art. 67 GG), der Vertrauensfrage des Bundeskanzlers (Art. 68 GG), der Überstimmung eines Einspruchs des Bundesrates (Art. 77 Abs. 4 S. 1 GG).

- Eine **qualifizierte Mehrheit** von 2/3 der Mitglieder des Bundestages (473 Ja-Stimmen zu Beginn der 19. Wahlperiode) verlangt z.B. Art. 79 Abs. 2 GG für verfassungsändernde Gesetze und für die Präsidentenanklage (Art. 61 Abs. 1 S. 3 GG). In anderen Fällen begnügt sich das GG mit einer **2/3-Mehrheit der Abstimmenden**.

- Eine sog. **doppelt qualifizierte Mehrheit**

  Z.B. bei der Zurückweisung eines mit 2/3-Mehrheit gefassten Einspruchs des Bundesrates (Art. 77 Abs. 4 S. 2 GG), bei der dann **einerseits** eine 2/3-Mehrheit der abgegebenen Stimmen **und andererseits** mindestens die Mehrheit der Mitglieder des Bundestages erforderlich ist.

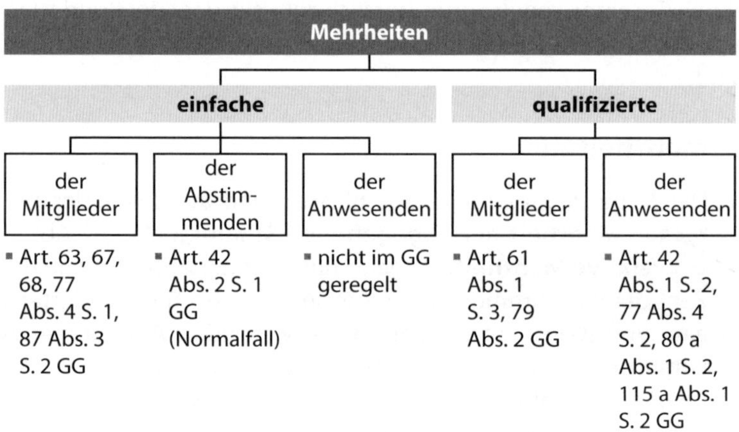

4. Abschnitt: Geschäftsordnung (GO BT) – Personelle und sachliche Diskontinuität

I. Inhalt der Geschäftsordnung des Bundestages

Da der Bundestag „sich" eine Geschäftsordnung gibt, darf die GO BT nur die **eigenen Angelegenheiten** des Bundestages regeln. Die Wirkungen der GO beschränken sich deshalb auf das **Innenver-**

hältnis zwischen den Abgeordneten, den Organen (Präsidium) und Unterorganen (Ausschüssen) des Bundestages. Bei der GO BT handelt es sich dem Rechtscharakter nach um eine **Satzung**, die sich aber inhaltlich auf **Innenrecht** beschränkt. Dabei ist eine unbestimmte und unbefristete Delegation der Geschäftsordnungsgewalt auf Ausschüsse unzulässig und verstößt gegen Art. 40 Abs. 1 S. 2 GG.

Das Rechtsverhältnis zwischen dem Bundestag und den anderen **Verfassungsorganen** (Bundesregierung, Bundesrat etc.) ergibt sich ausschließlich aus dem GG und den formellen Gesetzen. Die GO BT kann z.B. die Bundesregierung nicht verpflichten.

II. Neuerlass einer Geschäftsordnung

1. Nach Art. 40 Abs. 1 S. 2 GG gibt der Bundestag sich eine Geschäftsordnung. Fraglich ist, was „Bundestag" im Sinne dieser Vorschrift bedeutet.

- Der Bundestag als **Organ** (Institution) besteht ständig und ist unabhängig von den Wahlen. Insoweit besteht Organ-**Kontinuität**.

- Andererseits hat der Bundestag politische Grundsatzentscheidungen zu treffen, deren Inhalt von der personellen und damit parteipolitischen Zusammensetzung des Bundestages abhängt. Daher kommt es beim Bundestag auch auf dessen konkret-personelle Zusammensetzung an. Insoweit gilt der Grundsatz der **personellen Diskontinuität**. Deshalb spricht man vom derzeitigen Bundestag z.B. als dem „18. Bundestag", während die Legislaturperiode des „17. Bundestages" 2013 endete.

- Aus der personellen Diskontinuität ergibt sich auch eine **sachliche Diskontinuität** (vgl. § 125 GO BT). Das hat Bedeutung vor allem für **Gesetzesvorlagen**. Soweit das Gesetzgebungsverfahren nicht abgeschlossen werden kann, **„verfallen"** sie mit Ablauf der Wahlperiode. Sie müssen dann ggf. im neuen Bundestag erneut eingebracht werden, wobei alle Förmlichkeiten (z.B. Zuleitung an den Bundesrat nach Art. 76 Abs. 2 GG) zu beachten sind.

  Grund: Der neue Bundestag soll nicht mit Anträgen belastet werden, die noch vom alten Bundestag stammen, der möglicherweise parteipolitisch eine ganz andere Zusammensetzung hatte.

2. Art. 40 Abs. 1 S. 2 GG ist Ausdruck der Autonomiebefugnisse des Bundestages. Danach kann der Bundestag seine eigenen Angelegenheiten selbst regeln (vgl. auch Art. 39 Abs. 3 und Art. 40 GG). Die Autonomiebefugnisse stehen dem Bundestag in seiner konkret-personellen Besetzung zu. Deshalb wird der Begriff Bundestag in Art. 40 Abs. 1 S. 2 GG so ausgelegt, dass sich der **jeweilige Bundestag** seine GO gibt. Also endet die Wirkung der GO mit dem Ende der Wahlperiode von vier Jahren (Art. 39 GG).

Anders das BVerfG für die GO der BReg, da diese nicht dem Grundsatz der Diskontinuität unterliege.

Der entscheidende Zeitpunkt für den Wechsel ist jeweils der **Zusammentritt des neuen BT** (Art. 39 Abs. 1 S. 2 GG). Zu diesem Zeitpunkt endet die Wahlperiode des alten und beginnt diejenige des neuen BT. Für die Bestimmung des Wahltages – durch den Bundespräsidenten (§ 16 BWG) – und den Zusammentritt des neuen BT nach der Neuwahl regelt Art. 39 GG Fristen, die einen gewissen Spielraum lassen.

5. Abschnitt: Untergliederungen des Parlaments – Fraktionen und Ausschüsse

A. Fraktion und Gruppe

I. Bildung der Fraktion

Die Fraktionen **(im Plenum)** sind Vereinigungen von mindestens 5% der Mitglieder des Bundestages (zurzeit 31), die derselben Partei oder solchen Parteien angehören, die aufgrund gleichgerichteter politischer Ziele **in keinem Land miteinander im Wettbewerb** stehen (§ 10 Abs. 1 S. 1 GO BT).

Die Fraktionsmindeststärke von 5% ist aus Gründen der Funktionsfähigkeit des Parlaments (abgeleitet aus Art. 20 Abs. 2 GG, Demokratieprinzip, parlamentarische Demokratie) erfolgt und deshalb auch rechtmäßiger Eingriff in das Recht der Abgeordneten aus Art. 38 Abs. 1 S. 2 GG.

! ***Beachte:** Fraktionen **im Ausschuss** können, insbesondere bei kleineren Parteien, aus nur einer Person bestehen; bestimmte Mindestzahlen fordert die GO BT insofern nicht!*

II. Abgrenzung zur Gruppe

Mitglieder des Bundestages, die sich ohne Fraktionsstärke zusammenschließen wollen, können nach § 10 Abs. 4 GO BT als **Gruppe** anerkannt werden. Gruppen haben aber nur solche Fraktionsrechte, die für die effektive Teilhabe an der parlamentarischen Arbeit unerlässlich sind (sogenannte **materielle Fraktionsrechte**, z.B. gemäß § 76 GO BT), **nicht** aber auch die **formellen** oder verfahrensbezogenen **Fraktionsrechte** (z.B. gemäß Art. 44, 53a, 77 Abs. 2 GG).

Beachte *auch § 4 S. 4 PUAG: „Die Berücksichtigung von Gruppen richtet sich nach den allgemeinen Beschlüssen des Bundestags."* !

Das GG erwähnt die Fraktionen (eher beiläufig) in Art. 53a Abs. 1 S. 2 GG. Nähere Regelungen finden sich seit 1995 in den §§ 45 ff. AbgG.

III. Aufgaben bzw. Funktion

Die Fraktionen wirken an der Erfüllung der Aufgaben des Deutschen Bundestages mit (§ 47 Abs. 1 AbgG). Hierbei nehmen sie im Wesentlichen zwei Funktionen wahr:

- Die Fraktion ist die **„Partei im Parlament":** Die für die politische Arbeit im Parlament heute grundlegende Abgrenzung zwischen Mehrheit und Opposition deckt sich mit der Abgrenzung zwischen den die Fraktionen tragenden Parteien, sodass die Fraktionen dadurch zu den Trägern der wesentlichen politischen Richtungen werden.

- Die Fraktion ist **Mittler** zwischen Parlament und dem einzelnen Abgeordneten: Indem in den Fraktionen die politischen Positionen zusammengefasst werden, erlangt der einzelne Abgeordnete einen nachhaltigeren Einfluss auf das parlamentarische Geschehen und kann so seine Rechte aus Art. 38 Abs. 1 S. 2 GG effektiv ausüben.

IV. Rechte der Fraktion (im Plenum)

1. Auch wenn die Fraktion die Partei repräsentiert, ergeben sich ihre Rechte nicht aus Art. 21 GG, sondern werden, da die Fraktion ein Zusammenschluss von Abgeordneten ist, wie der Status der Abgeordneten aus Art. 38 Abs. 1 S. 2 GG hergeleitet.

Die **Rechte der Fraktion** (Zusammensetzung des Ältestenrates, Ausschüsse, Antrags- und Vorschlagsrechte) hängen weitgehend von ihrer personellen Stärke ab (vgl. §§ 11, 12 GO BT).

In der Regel stellt die stärkste Fraktion den **Parlamentspräsidenten** (arg. e. § 7 Abs. 6 GO BT).

Von den Rechten der Fraktion zu unterscheiden sind **Rechte**, die **einer Gruppe** von Abgeordneten (ggf. in Fraktionsstärke) zustehen können, z.B. Zitierrecht (Art. 43 Abs. 1 GG; § 42 GO BT), Fragerecht (§§ 105 ff. GO BT), Gesetzesinitiative

(Art. 76 Abs. 1 GG, § 76 GO BT). Träger dieser Rechte sind zunächst die einzelnen Abgeordneten, die Fraktion nur, wenn ihr als solcher ein entsprechendes Recht zugewiesen ist (vgl. z.B. §§ 42, 76 GO BT).

Rechte der **Fraktion im Ausschuss** ergeben sich z.B. aus §§ 60 Abs. 2, 61 Abs. 2, 64 Abs. 2 S. 3 GO BT.

! ***Klausurhinweis:*** *Die Frage, ob Fraktionen oder Gruppen eigene Rechte haben bzw. haben können, ist prozessual relevant für die Beteiligtenfähigkeit bzw. Antragsbefugnis im Organstreitverfahren.*

2. Aus dem auch für Fraktionen aus Art. 38 Abs. 1 S. 1 GG abzuleitenden Grundsatz der **Chancengleichheit** (s.o. S. 47 ff.) und dem Gebot des Minderheitenschutzes (abgeleitet aus Art. 20 Abs. 2 GG, Demokratieprinzip, Mehrheitsprinzip mit angemessenem Minderheitenschutz) folgt ein für alle Fraktionen gleiches Recht auf Zugang zu Ausschüssen und Gremien. Deshalb muss grundsätzlich jeder Ausschuss ein **verkleinertes Abbild des Plenums** sein. Nach Auffassung des BVerfG ist es jedoch ausnahmsweise zulässig, in sachlich begründeten Fällen (z.B. Geheimhaltung, Sicherung der Handlungsfähigkeit des Parlaments) für Ausschüsse oder ähnliche Gremien eine Mitgliederzahl vorzusehen, die bei der Sitzverteilung eine Berücksichtigung aller parlamentarischen Gruppen nicht ermöglicht.

! *Beachte § 4 S. 3 PUAG, wonach bei Untersuchungsausschüssen des BT* ***jede*** *Fraktion vertreten sein muss.*

3. Soweit die Rechte der Fraktion infrage gestellt werden, kann sie als Unterorgan des Bundestages Beteiligte im **Organstreitverfahren** gemäß Art. 93 Abs. 1 Nr. 1 GG sein, da sie durch Art. 53a Abs. 1 S. 2 GG und die GO BT mit eigenen Rechten ausgestattet ist. Hierbei kann sie nicht nur eigene Rechte geltend machen, sondern auch Rechte des gesamten Parlaments.

Zu **Fraktionsdisziplin** und **Fraktionsausschluss** siehe noch unten S. 69 f.

B. Ausschüsse und sonstige Gremien

I. Funktion

Ausschüsse dienen der Vorbereitung der Plenarverhandlungen des Bundestages (§ 54 GO BT), insbesondere der Erstellung mehrheitsfähiger Beschlussvorlagen (§ 62 Abs. 1 S. 2 GO BT). Weitere Funktion der Ausschüsse ist die Wahrnehmung von Kontrollaufgaben gegenüber der Regierung.

Beispiel: Einwirken des Verkehrsausschusses auf den BMin für Verkehr im Zusammenhang mit „Toll-Collect".

Ausschüsse i.S.d. §§ 54 ff. GO BT sind grundsätzlich nur mit BT-Abgeordneten besetzt und deshalb abzugrenzen von gemischt besetzten Gremien, wie Vermittlungsausschuss (Art. 77 GG, § 1 GO VermAussch), gemeinsamer Ausschuss (Art. 53a, 115a Abs. 2, 115e Abs. 1 GG), Bundesrichter-Wahlausschuss (Art. 95 Abs. 2 GG).

II. Arten von Ausschüssen

Nach Art. 45, 45a und 45c GG bestehen folgende **Pflichtausschüsse:** Ausschuss für Angelegenheiten der Europäischen Union (vgl. auch § 93a GO BT), Ausschuss für auswärtige Angelegenheiten, Ausschuss für Verteidigung und Petitionsausschuss. Pflichtausschuss kraft einfachgesetzlicher Regelung ist der Wahlprüfungsausschuss (§ 3 WahlprüfG).

Weitere (fakultative) Ausschüsse sind üblich und praktisch unentbehrlich, z.B. Innenausschuss, Rechtsausschuss, Haushaltsausschuss; i.d.R. ist jedem Ministerium ein Ausschuss zugeordnet.

Besondere Bedeutung haben die **Enquete-Kommissionen**. Sie werden nach § 56 GO BT zur „Vorbereitung von Entscheidungen über umfangreiche und bedeutsame Sachkomplexe" eingesetzt (z.B. Gentechnologie), denen auch Sachverständige angehören können, die keine Abgeordneten sind.

C. Untersuchungsausschuss (UA)

I. Enqueterecht

Von Art. 44 GG vorausgesetzt wird das Recht des Parlaments, sich die für seine Entscheidungen für erforderlich gehaltenen Informationen zu beschaffen und Missstände zu untersuchen **(Enqueterecht)**. Der Ausübung dieses Rechts dienen die **Untersuchungsausschüsse**. Da die Mehrheitsfraktionen ihre Informationen über die von ihr getragene Bundesregierung erhalten und bei Missständen auf diese Einfluss nehmen können, handelt es sich bei dem Recht zur Einsetzung von Untersuchungsausschüssen vornehmlich um ein **Mittel der oppositionellen Minderheit**. Dem entspricht es, dass nach Art. 44 Abs. 1 GG, § 1 Abs. 1 PUAG bereits **ein Viertel** der Mitglieder des Bundestags (zurzeit 178 = 1/4 von 709) die Einsetzung eines UA verlangen kann.

Anmerkung: *Da die Opposition im derzeitigen Bundestag (18. Wahlperiode) lediglich über 127 Sitze verfügt, hat der Bundestag zum Schutze der Minderheitenrechte § 126 a GO BT eingefügt. Danach setzt der Bundestag in der 18. Wahlperiode bereits auf Antrag von 120 Abgeordneten einen UA ein.*

Die Besetzung des Ausschusses richtet sich nach der Stärke der Fraktionen im Bundestag (§ 4 PUAG i.V.m. §§ 12, 57 GO BT, **Spiegelbildlichkeit**).

Anmerkung: *Auch insoweit gilt die Sonderregelung des § 126 a Abs. 1 Nr. 1 GO BT, wonach die Opposition gemeinsam ein Viertel der Mitglieder im UA stellt.*

II. Voraussetzungen für die Einsetzung eines UA

Ein Anspruch auf Einsetzung eines UA ergibt sich unter folgenden Voraussetzungen:

1. Ordnungsgemäßer Antrag

Formell ordnungsgemäßer Antrag (eines Viertels) der Mitglieder des Bundestages (Art. 44 Abs. 1 S. 1 GG).

2. Zulässigkeit des Untersuchungsgegenstandes

a) Der Gegenstand der Untersuchung (das Untersuchungsthema) muss auf **Tatsachenfeststellung** durch Beweiserhebung sowie möglicherweise auf politische Bewertung dieser Tatsachen gerichtet sein.

b) Das Beweisthema muss **hinreichend bestimmt** bezeichnet sein.

c) Als Unterorgan des Bundestages muss sich der UA innerhalb des verfassungsmäßigen **Aufgabenkreises des Bundestages** halten. Er kann nicht mehr Rechte haben als das Parlament selbst (sogenannte Korollartheorie); vgl. § 1 Abs. 3 PUAG.

aa) Wegen des **Bundesstaatsprinzips** (s.o. S. 35) darf kein Eingriff in die Zuständigkeit der Länder erfolgen, insbesondere darf der Bund keine **ausschließlichen Länderangelegenheiten** untersuchen, es sei denn, es geht um Kontroll- und Aufsichtsrechte nach Art. 84, 85 GG.

So hat der Bundestag z.B. keine Kompetenz, das Verhalten von Ministerpräsidenten der Länder und von Landesbehörden zu untersuchen. Unzulässig ist auch eine Untersuchung des Bundes in Angelegenheiten der kommunalen Selbstverwaltung. Dagegen dürfen sich UAe der Landtage grundsätzlich auch mit Angelegenheiten der Gemeinden und Gemeindeverbände befassen.

bb) Unter dem Gesichtspunkt der **Gewaltenteilung** (s.o. S. 18 ff.) kann eine Untersuchung durch die Befugnisse der Regierung **(Exekutive)** begrenzt sein. Zwar ergibt sich gerade aus dem Gewaltenteilungsprinzip ein Kontrollrecht des Bundestages und damit auch seiner UAe, jedoch folgt andererseits aus der Gewaltenteilung auch, dass die parlamentarische Kontrolle sich nicht auf den **Kernbereich der Exekutive** erstrecken darf („Kernbereich exekutiver Eigenverantwortung").

Dazu gehört z.B. die **Willensbildung** der Regierung sowohl hinsichtlich der Erörterungen im Kabinett als auch bei der Vorbereitung von Kabinetts- und Ressortentscheidungen. Die Kontrollkompetenz des Bundestages und damit seiner UAe erstreckt sich demnach grundsätzlich nur auf bereits **abgeschlossene Vorgänge**; eine verfahrensbegleitende oder vorbeugende Kontrolle ist unzulässig.

1. Was ist der Unterschied zwischen Fraktion und Gruppe?

1. Fraktionen sind Vereinigungen von mindestens 5% der Mitglieder des Bundestags, die derselben Partei oder solchen Parteien angehören, die aufgrund gleichgerichteter politischer Ziele in keinem Land miteinander im Wettbewerb stehen. Mitglieder des Bundestags, die sich ohne Fraktionsstärke zu erreichen, zusammenschließen wollen, können als Gruppe anerkannt werden.

2. Welche Aufgaben haben Ausschüsse des Bundestags?

2. Ausschüsse dienen der Vorbereitung der Plenarverhandlungen des Bundestags, insbesondere der Erstellung mehrheitsfähiger Beschlussvorlagen; deshalb müssen sie auch verkleinertes Abbild des Plenums sein (sogenannter Grundsatz der Spiegelbildlichkeit von Plenum und Ausschuss).

3. Unter welchen Voraussetzungen steht ein Anspruch auf Einsetzung eines Untersuchungsausschusses?

3. Folgende Voraussetzungen müssen erfüllt sein:

a) Ordnungsgemäßer Antrag eines Viertels der Mitglieder des Bundestags

b) Zulässigkeit des Untersuchungsgegenstands

aa) Der Gegenstand der Untersuchung (das Untersuchungsthema) muss auf Tatsachenfeststellung durch Beweiserhebung gerichtet sein.

bb) Das Beweisthema muss hinreichend bestimmt sein.

cc) Als Unterorgan des Bundestags muss sich der Untersuchungsausschuss innerhalb des verfassungsmäßigen Aufgabenkreises des Bundestags halten.

(1) Als Organ des Bundes darf sich ein Untersuchungsausschuss nur mit Bundesangelegenheiten befassen und nicht mit Länderangelegenheiten.

(2) Aus Gründen der Gewaltenteilung darf der Bundestag als Bundeslegislative nicht in den Kernbereich der Exekutive oder Judikative übergreifen. Deshalb dürfen im Bereich der Exekutive grundsätzlich nur bereits abgeschlossene Vorgänge untersucht werden.

6. Abschnitt: Die Rechtsstellung der Bundestagsabgeordneten

A. Das freie Mandat; Art. 38 Abs. 1 S. 2 GG

Grundlage für den verfassungsrechtlichen Status des Abgeordneten ist Art. 38 Abs. 1 S. 2 GG. Danach sind die Abgeordneten „Vertreter des ganzen Volkes, an Aufträge und Weisungen nicht gebunden und nur ihrem Gewissen unterworfen" (sogenanntes **freies Mandat**, das im Gegensatz zum **imperativen** Mandat steht).

I. Rechte des Abgeordneten aus Art. 38 Abs. 1 S. 2 GG

Allgemein garantiert Art. 38 Abs. 1 S. 2 GG die ungestörte effektive und gleichberechtigte Tätigkeit des Bundestagsabgeordneten in allen parlamentarischen Gremien. Im Einzelnen sind insbesondere durch die Rspr. des BVerfG folgende Einzelrechte entwickelt worden:

- **Teilnahmerecht**

  Einschränkung z.B. durch Sitzungsausschluss gemäß § 38 GO BT oder durch gezielte Verkleinerung von Ausschüssen durch Mehrheitsbeschluss aus Gründen der Geheimhaltung.

- **Rederecht** (Eingriff z.B. durch § 37 GO BT)
- Recht auf **Information**
- **Antragsrecht** (§ 76 GO BT)
- **Stimmrecht** (§ 57 Abs. 2 S. 2 GO BT)
- Recht zur **Bildung von Fraktionen**

  Dieses Recht erlangt dadurch große Bedeutung für den Abgeordneten, dass viele Rechte bzw. Betätigungsfelder ausschließlich nur den Fraktionen eröffnet sind und von einem fraktionslosen Abgeordneten nicht wahrgenommen werden können (vgl. z.B. §§ 12, 35 Abs. 1 S. 3, 57 Abs. 2 S. 2, 76 Abs. 1 GO BT; § 50 AbgG).

- Recht auf **Gleichbehandlung** mit anderen Abgeordneten (§ 57 Abs. 2 S. 2 GO BT)

Sonstige Beeinträchtigungen des Rechts auf freies Mandat sind z.B. die Überprüfung von Abgeordneten auf ihre Stasi-Vergangenheit und die (sanktionsbewehrte) Pflicht zu Offenlegung von Nebeneinkünften.

II. Rechtsnatur und prozessualer Rechtsschutz

Die Rechte der Abgeordneten aus Art. 38 Abs. 1 S. 2 GG sind trotz Nennung dieser Vorschrift in Art. 93 Abs. 1 Nr. 4 a GG **keine grundrechtsgleichen Rechte**, weil Abgeordnete als Teil der Legislative **keiner grundrechtsspezifischen Gefährdungslage** ausgesetzt sind.

Verfassungsprozessual folgt daraus, dass Abgeordnete wegen möglicher Verletzung von Art. 38 Abs. 1 S. 2 GG grundsätzlich auf das Organstreitverfahren beim BVerfG angewiesen sind. Eine **Verfassungsbeschwerde** ist nach Auffassung des BVerfG nur **ausnahmsweise** zulässig, wenn der Abgeordnete nicht seine organschaftliche Stellung gegenüber dem Parlament, sondern Abgeordnetenrechte gegenüber anderen Trägern öffentlicher Gewalt geltend macht (z.B. Nichtbeachtung der Immunität nach Art. 46 Abs. 2 GG).

III. Grenzen bzw. Einschränkungsmöglichkeiten der Rechte aus Art. 38 Abs. 1 S. 2 GG

Ähnlich wie bei Grundrechten sind auch die Rechte aus dem freien Mandat gemäß Art. 38 Abs. 1 S. 2 GG nicht schrankenlos gewährleistet, sondern unterliegen aus verfassungsrechtlichen Gründen im Rahmen der Verhältnismäßigkeit verschiedenen Einschränkungen **(„Spannungsverhältnis")**.

1. In Betracht kommen insoweit vor allem das sogenannte **Parteiprinzip**, abgeleitet aus Art. 21 Abs. 1 S. 1 GG, konkretisiert durch § 1 Abs. 2 ParteiG (Sartorius I Nr. 58);

Beispiele: Ordnungsmaßnahmen oder der Ausschluss aus der Partei gemäß § 10 Abs. 3 und 4 ParteiG.

a) Nach § 10 Abs. 4 ParteiG ist ein **Parteiausschluss** zulässig, wenn das Mitglied

- **vorsätzlich** gegen die Satzung oder erheblich gegen Grundsätze oder Ordnung der Partei verstößt und
- ihr damit **schweren Schaden** zufügt.

b) Art. 38 Abs. 1 S. 2 GG steht einem **Parteiausschluss** nicht generell entgegen. Denn auch durch eine politische Äußerung, die nach bestem Wissen und Gewissen gemacht worden ist, kann das Programm einer bestimmten Partei schwerwiegend verletzt und der Partei dadurch erheblicher Schaden zugefügt werden (z.B. wenn ein Mitglied der Regierungskoalition in einer grundlegenden Frage genau die Auffassung der Opposition vertritt). Das hier angesprochene Problem muss in das **Spannungsverhältnis** zwischen **Art. 21 Abs. 1 GG und Art. 38 Abs. 1 S. 2 GG** eingeordnet werden. Danach kann das freie Mandat einen Abgeordneten nicht von der politischen Verantwortung gegenüber seiner Fraktion und Partei entbinden und nicht jedes parteiwidrige Verhalten rechtfertigen. Daher ist es ohne Weiteres möglich, dass ein Abgeordneter wegen seines Verhaltens im Parlament bei der nächsten Wahl nicht mehr aufgestellt wird.

2. Einschränkungen können sich außerdem aus dem **Effektivitätsprinzip**, abgeleitet aus Art. 20 Abs. 2 GG (Demokratieprinzip) rechtfertigen: Der Bundestag (die Volksvertretung) ist ein Kollegialorgan und die Abgeordnetenrechte sind im Wesentlichen organschaftliche Mitgliedschaftsrechte, die aus Gründen der Effektivität und Handlungsfähigkeit des Kollegialorgans eingeschränkt werden müssen.

Beispiele für eine Konkretisierung dieses Prinzips sind alle Vorschriften in der GO des Bundestages, die bestimmte Rechte nur Fraktionen und nicht fraktionslosen Abgeordneten zuerkennt, wie z.B. §§ 12, 37 Abs. 1 S. 3, 76 Abs. 1 GO BT.

3. Grenzen der Abgeordnetenrechte können sich außerdem aus dem Prinzip der **Spiegelbildlichkeit von Plenum und Ausschuss** in Bezug auf das politische Kräfteverhältnis im Plenum (abgeleitet aus Art. 20 Abs. 2 S. 2 GG, Demokratieprinzip) ergeben.

Konkretisierungen dieses Prinzips sind insbesondere Maßnahmen gemäß § 57 Abs. 2 S. 2 i.V.m. § 62 GO BT, wonach fraktionslose Abgeordnete kein Stimmrecht im Ausschuss haben.

4. Schließlich ergeben sich Einschränkungen aus dem **Fraktionsprinzip**, abgeleitet aus Art. 21 Abs. 1 S. 1 GG, konkretisiert durch § 1 Abs. 2 ParteiG („Fraktion als Partei im Parlament"), teilweise deckungsgleich mit dem Effektivitätsprinzip (s.o.).

Konkretisierungen des Fraktionsprinzips sind u.a. die Fraktionsdisziplin und der Fraktionsausschluss.

a) Zulässig ist nach h.M. die sogenannte **Fraktionsdisziplin**, d.h., das Bestreben der Fraktion, ein einheitliches Auftreten in der parlamentarischen Arbeit zu erreichen. Dies umfasst auch die Einwirkung auf einzelne Abgeordnete, soweit die Loyalität und die gemeinsame politische Arbeit es erfordern. Fraktionsdisziplin darf aber nur verlangt werden, wenn die Position innerhalb der Fraktion zunächst in demokratischer Weise diskutiert und beschlossen worden ist.

b) Unzulässig ist dagegen der sogenannte **Fraktionszwang**, also eine – ggf. sanktionsbewehrte – Verpflichtung des Abgeordneten, nach dem Votum seiner Fraktion abzustimmen. Da hier der Abgeordnete „an eine Weisung gebunden" wird und nicht mehr nach seinem Gewissen entscheiden kann („imperatives Mandat"), verstößt dies eindeutig gegen Art. 38 Abs. 1 S. 2 GG.

c) Der **Fraktionsausschluss** ist nicht gesetzlich geregelt, wird aber allgemein für zulässig gehalten, wenn die Gemeinsamkeit zwischen Abgeordnetem und Fraktion entfallen ist. Wegen der faktischen Wichtigkeit der Fraktionszugehörigkeit für die volle Ausnutzung der Abgeordnetenstellung (z.B. Rederecht, Mitgliedschaft und Stimmrecht in Ausschüssen) wird stets ein **wichtiger Grund** gefordert (Rechtsgedanke aus § 10 Abs. 4 ParteiG). Verhältnismäßig ist der Ausschluss nur bei Vorliegen besonders gravierender Gründe, etwa wenn die Zugehörigkeit des betreffenden Mitglieds für die Fraktion unzumutbar oder schädigend ist oder bei Verlust der Parteimitgliedschaft, sofern der parteirechtliche Status des Abgeordneten rechtskräftig geklärt ist.

5. Prozessuale Möglichkeiten des Abgeordneten

aa) Gegen die Entscheidung des Parteigerichts über den **Parteiausschluss** (§ 10 Abs. 5 ParteiG) ist gemäß § 13 GVG der Zivilrechtsweg eröffnet. Nach §§ 23, 71 GVG ist i.d.R. das Landgericht zuständig.

bb) Gegen den **Ausschluss aus Fraktionen des Bundestags** steht dem Abgeordneten (ausschließlich) das verfassungsrechtliche Organstreitverfahren zur Verfügung. (s.u. S. 122 ff.).

B. Rechte des Abgeordneten aus Art. 46–48 GG

I. Indemnität

Nach Art. 46 Abs. 1 GG darf ein Abgeordneter zu keiner Zeit wegen einer **Abstimmung** oder wegen einer **Äußerung**, die er im **Bundestag** oder in einem seiner Ausschüsse getan hat, gerichtlich oder dienstlich verfolgt oder sonst außerhalb des Bundestages zur Verantwortung gezogen werden (Ausnahme für verleumderische Beleidigungen). Nicht geschützt sind dagegen Äußerungen auf Partei- oder Wahlveranstaltungen, in Interviews und sonstige Erklärungen in Medien oder im beruflichen Bereich.

Dagegen werden Äußerungen in den Fraktionen nach heute h.M. geschützt, da diese als – parteipolitisch ausgerichtete – Untergliederungen des Bundestages anzusehen sind.

II. Immunität

Art. 46 Abs. 2 GG macht die **Strafverfolgung** eines Bundestagsabgeordneten von der Zustimmung des Bundestages abhängig. Eine Ausnahme besteht, wenn der Abgeordnete „bei Begehung der Tat oder im Laufe des folgenden Tages festgenommen wird" (Art. 46 Abs. 2 GG).

Umstritten ist, ob Art. 46 Abs. 2 GG auch **Ordnungswidrigkeiten** erfasst. **Nicht** erfasst werden dagegen belastende **Verwaltungsakte**, wie die Entziehung der Fahrerlaubnis oder disziplinarische Maßnahmen.

Das Zustimmungserfordernis gilt schon für das staatsanwaltschaftliche Ermittlungsverfahren.

In der Praxis ist es jedoch üblich, die Zustimmung zur Durchführung von Ermittlungsverfahren zu Beginn der Legislaturperiode generell zu erteilen (vgl. Anlage 6 zur GO BT).

Für die Erteilung oder Ablehnung der Zustimmung gibt es keine gesetzlichen Voraussetzungen. Vielmehr steht die Erteilung im pflichtgemäßen **Ermessen**, wobei zwischen dem Interesse des Parlaments und dem der Allgemeinheit und Dritter an der Durchführung des Verfahrens abzuwägen ist.

Der Bundestag hat hierfür die **Grundsätze in Immunitätsangelegenheiten** beschlossen (Anlage 6 zur GO BT). Wird die Zustimmung nicht erteilt, ist das Verfahren einzustellen. Das Verfolgungshindernis erlischt – anders als die Indemnität –, sobald der Betroffene nicht mehr Abgeordneter ist.

Ursprünglich bezweckte die Immunität den Schutz der Abgeordneten vor tendenziöser Verfolgung durch die Exekutive. Heute wird der Zweck der Vorschrift überwiegend darin gesehen, die **Arbeits- und Funktionsfähigkeit des Parlaments** (abgeleitet aus Art. 20 Abs. 2 GG, Demokratieprinzip, parlamentarische Demokratie) zu schützen. Der einzelne Abgeordnete hat jedoch einen Anspruch auf eine von sachfremden, willkürlichen Motiven freie Entscheidung.

C. Fraktionslose Abgeordnete

Besondere Probleme ergeben sich bei der Rechtsstellung **fraktionsloser Abgeordneter**. Es wurde bereits mehrfach darauf hingewiesen, dass eine Reihe von Abgeordnetenrechten effektiv nur in der Fraktion ausgeübt werden können. Dies wird besonders deutlich an der Regelung des § 12 GO BT, der bei der Zusammensetzung der Ausschüsse an die Fraktionsstärke anknüpft. Aber auch der fraktionslose Abgeordnete ist gemäß Art. 38 Abs. 1 S. 2 GG Repräsentant des ganzen Volkes. Deshalb muss auch er die Möglichkeit haben, dort mitzuwirken, wo faktisch ein wesentlicher Teil der Parlamentsarbeit geleistet wird, nämlich in den Ausschüssen. Daher hat jeder Abgeordnete – also auch der fraktionslose – einen Anspruch auf Mitarbeit in einem BT-Ausschuss (§ 57 Abs. 1 S. 2 GO BT).

Dieser Anspruch umfasst aber nur das Antrags- und Rederecht in einem Ausschuss, nicht aber das **Stimmrecht**. Da die Ausschüsse ein verkleinertes Abbild des Parlaments darstellen, würde die Zuerkennung eines Stimmrechts dem fraktionslosen Abgeordneten ein überproportionales Gewicht beimessen und damit gegen das **Prinzip der Spiegelbildlichkeit von Plenum und Ausschuss**, abgeleitet aus Art. 20 Abs. 1, Abs. 2 (Demokratieprinzip), verstoßen; vgl. auch § 57 Abs. 2 S. 2 GO BT.

Rechte des Abgeordneten aus Art. 38 Abs. 1 S. 2 GG

Konkretisierungen

- Teilnahmerecht
- Rederecht
- Stimmrecht
- Antragsrecht
- Recht auf Information
- Fraktionsbildungsrecht
- Recht auf Gleichbehandlung mit anderen Abgeordneten

Einschränkungsmöglichkeiten („Spannungsverhältnis")

- Parteiprinzip
- Effektivitätsprinzip
- Fraktionsprinzip
- Prinzip der Spiegelbildlichkeit von Plenum und Ausschuss in Bezug auf das politische Kräfteverhältnis im Plenum

Check: Rechtsstellung der Bundestagsabgeordneten

1. Welche Einzelrechte umfasst das freie Mandat des Abgeordneten gemäß Art. 38 Abs. 1 S. 2 GG?

1. Teilnahmerecht, Rederecht, Recht auf Information, Antragsrecht, Stimmrecht, Recht zur Bildung von Fraktionen und Recht auf Gleichbehandlung

2. Mit welchem Antrag beim BVerfG kann ein Abgeordneter eine mögliche Verletzung seiner Rechte aus Art. 38 Abs. 1 S. 2 GG geltend machen?

2. Grundsätzlich nur mit dem Organstreitverfahren gemäß Art. 93 Abs. 1 Nr. 1 GG. Eine Verfassungsbeschwerde ist grundsätzlich unstatthaft, weil Art. 38 Abs. 1 S. 2 GG kein grundrechtsgleiches Recht i.S.v. Art. 93 Abs. 1 Nr. 4 a GG ist.

3. Aus welchen Gründen bzw. Prinzipien kann sich eine Einschränkungsmöglichkeit der Rechte aus Art. 38 Abs. 1 S. 2 GG ergeben?

3. Parteiprinzip, Effektivitätsprinzip, Spiegelbildlichkeit von Plenum und Ausschuss und Fraktionsprinzip

4. Was ist der Unterschied zwischen Fraktionsdisziplin und Fraktionszwang?

4. Fraktionsdisziplin ist das Bestreben der Fraktion, ein einheitliches Auftreten in der parlamentarischen Arbeit zu erreichen, durch entsprechende Einwirkung auf einzelne Abgeordnete. Fraktionszwang ist eine ggf. sanktionsbewährte Verpflichtung des Abgeordneten, nach dem Votum seiner Fraktion abzustimmen (diese theoretische Abgrenzung ist in der Praxis jedoch häufig schwierig).

5. Was ist der Unterschied zwischen Indemnität und Immunität?

5. Indemnität bedeutet gemäß Art. 46 Abs. 1 GG, dass ein Abgeordneter zu keiner Zeit (dauerndes Verfolgungshindernis) wegen einer Abstimmung oder einer Äußerung, die er im Bundestag oder in einem seiner Ausschüsse getan hat, gerichtlich oder dienstlich verfolgt oder sonst außerhalb des Bundestags zur Verantwortung gezogen werden kann.

Die Immunität gemäß Art. 46 Abs. 2 GG schützt den Abgeordneten vor Ermittlungen wegen einer Straftat bis zu dem Zeitpunkt, wo der Bundestag seine Immunität aufhebt bzw. wo der Abgeordnete aus dem Bundestag ausscheidet (zeitweiliges Strafverfolgungshindernis).

6. Warum hat ein fraktionsloser Abgeordneter kein Stimmrecht im Ausschuss?

6. Ein Stimmrecht von fraktionslosen Abgeordneten im Ausschuss würde gegen das Prinzip der Spiegelbildlichkeit von Plenum und Ausschuss verstoßen, abgeleitet aus Art. 20 Abs. 2 GG, Demokratieprinzip.

7. Abschnitt: Die politischen Parteien

A. Begriff und Aufgaben der politischen Parteien

Nach Art. 21 Abs. 1 S. 1 GG wirken die Parteien bei der **politischen Willensbildung des Volkes** mit. Sie haben die Aufgabe, die zunächst ungeordnet vorhandene politische Meinungsvielfalt zu formen, (Partei-)Programme entsprechend den vorherrschenden Strömungen aufzustellen und auf deren Grundlage Kandidaten zu den Wahlen zu präsentieren. Die den Parteien obliegenden Aufgaben führen zu einer gewissen **Doppelstellung:** Einerseits sind die Parteien gesellschaftliche, nichtstaatliche Einrichtungen, andererseits wirken sie bei der Willensbildung im politisch-staatlichen Bereich mit, nähern sich also der Stellung von Staatsorganen. Gemäß Art. 21 Abs. 3 GG finden sich die näheren Regelungen im Parteiengesetz (als Konkretisierung des Regelungsvorbehalts in Art. 21 Abs. 3 GG).

Nach § 2 Abs. 1 ParteiG sind Parteien **Vereinigungen von Bürgern**,

- die auf die **politische Willensbildung Einfluss** nehmen und zu diesem Zweck Volksvertreter in den Bundestag oder einen Landtag entsenden wollen.

  Keine Parteien sind danach **Wählervereinigungen**, die lediglich im **kommunalen Bereich** wirken wollen. Das folgt daraus, dass die Kommunen zur Verwaltung gehören und die Gemeindevertretung keine parlamentarische, politische Tätigkeit ausübt. Die Begrenzung ist daher nach h.M. mit Art. 21 GG vereinbar. Die sogenannten Rathausparteien werden nach h.M. aber über Art. 9 und 28 Abs. 2 GG geschützt; außerdem muss zumindest im steuerlichen Bereich (mittelbare Parteienfinanzierung) eine **Gleichbehandlung mit Parteien** erfolgen.

  Zu den **Rechten von Parteien** gehört auch die **Werbung** mit Plakaten und mittels Informationsständen sowie die Verteilung und Zusendung von Flugblättern und anderem Werbematerial.

- Aufgrund einer **ausreichenden Organisation** muss die Gewähr für die Ernsthaftigkeit dieser Zielsetzung bestehen (insbesondere nach Umfang und Festigkeit der Organisation, Zahl der Mitglieder, Hervortreten in der Öffentlichkeit).

B. Gründung und Organisation

Für die **Gründung** und die **Organisation** der Parteien gilt in erster Linie das Zivilrecht (BGB), modifiziert durch Art. 21 GG und das ParteiG. Die Organisationsform der Partei ist in der Regel die eines rechtsfähigen oder nichtrechtsfähigen privaten Vereins. In jedem Fall kann sie unter ihrem Namen klagen und verklagt werden (§ 3 ParteiG); außerdem ist sie im Rahmen von Art. 19 Abs. 3 GG grundrechtsfähig. Nach Art. 21 Abs. 1 S. 2 GG ist die Gründung einer Partei frei, darf also nicht von einer staatlichen Genehmigung oder Überwachung abhängig gemacht werden.

Außer diesem grundsätzlich garantierten Recht der Parteien auf **Gründungsfreiheit** wird das **Mehrparteiensystem** verfassungsrechtlich zusätzlich abgesichert durch das Demokratieprinzip gemäß Art. 20 Abs. 1 und 2 GG.

C. Demokratische Binnenstruktur

Nach Art. 21 Abs. 1 S. 3 GG **muss die innere Ordnung der Parteien demokratischen Grundsätzen entsprechen**. Das bedeutet, dass der Aufbau „von unten nach oben" zu erfolgen hat (s.o. S. 10 ff.) und die entscheidende Willensbildung bei den Mitgliedern liegt. Oberstes Willensbildungsorgan muss eine Mitgliederversammlung (Parteitag) sein.

Daher müssen z.B. innerparteiliche Wahlen die Wahlrechtsgrundsätze des Art. 38 GG beachten. Das Demokratiegebot betrifft aber nur die Innenbeziehungen der Partei, nicht dagegen die **Außenbeziehungen** zu Dritten, sodass sich daraus **kein Anspruch auf Aufnahme in die Partei** herleiten lässt. Nach § 10 Abs. 1 S. 1 ParteiG entscheiden die zuständigen Organe der Partei vielmehr frei über die Aufnahme.

Ein **Parteiausschluss** ist nur unter den strengen Voraussetzungen von § 10 Abs. 4 ParteiG zulässig.

D. Parteienverbot und Parteienprivileg

I. Verbotsverfahren

Nach Art. 21 Abs. 2 GG kann eine Partei wegen **Verfassungswidrigkeit** durch das BVerfG verboten werden. Materiell-rechtliche **Voraussetzung** ist, dass die Partei nach ihren Zielen oder dem Verhalten ihrer Anhänger darauf ausgeht, „die freiheitliche demokratische Grundordnung zu beeinträchtigen oder zu beseitigen oder den Bestand der Bundesrepublik Deutschland zu gefährden" (Art. 21 Abs. 2 S. 1 GG).

Aufgrund dieser Vorschrift sind bisher zwei Parteien für verfassungswidrig erklärt und verboten worden: Die SRP (Sozialistische Reichspartei) und die KPD.

Das Verbot politischer Vereinigungen, die nicht Parteien sind, ist dagegen Sache der Exekutive (Art. 9 Abs. 2 GG, §§ 3 ff. VereinsG).

II. Parteienprivileg

Art. 21 Abs. 2 GG enthält nicht nur eine Verbots- und Zuständigkeitsregelung, sondern auch eine Privilegierung der politischen Parteien gegenüber den übrigen Vereinigungen und Verbänden. Hiernach kommt den politischen Parteien wegen ihrer Sonderstellung im Verfassungsleben eine erhöhte Schutz- und Bestandsgarantie zu: Solange eine Partei nicht vom BVerfG verboten ist, darf keine staatliche Stelle geltend machen, es handele sich um eine verfassungswidrige Partei (sogenanntes **Parteienprivileg**).

Das Parteienprivileg hindert aber nicht die Bezeichnung einer Partei als „verfassungsfeindlich" im **Verfassungsschutzbericht**, da es sich hierbei nur um eine wertende Beurteilung handelt, an die keinerlei rechtliche Nachteile geknüpft sind. Ebenso zulässig ist die **Beobachtung einer Partei durch den Verfassungsschutz**, um die Grundlage für derartige wertende Beurteilungen zu erlangen.

Die Gründung einer **parteinahen Stiftung** fällt ebenso nicht in den Schutzbereich des Parteienprivilegs nach Art. 21 Abs. 2 GG. Wegen der (jedenfalls formellen) Unabhängigkeit der Stiftung von der ihr nahe stehenden Partei, handelt es sich hierbei nicht um die Mitwirkung an der politischen Willensbildung des Volkes i.S.d. Art. 21 Abs. 1 GG. Aus diesem Grund sind nach Auffassung des BVerfG auch Zuwendungen des Staates keine verdeckte (und danach unzulässige) Parteifinanzierung.

E. Anspruch auf Nutzung öffentlicher Einrichtungen; (abgestufte) Chancengleichheit der Parteien

I. Anspruch auf Gleichbehandlung

In Konkretisierung der Art. 21, 3 Abs. 1 GG sind nach § 5 ParteiG i.V.m. Art. 3 GG alle Parteien **gleich zu behandeln**, wenn ein Träger öffentlicher Gewalt den Parteien Einrichtungen zur Verfügung stellt oder andere öffentliche Leistungen gewährt (z.B. Sendezeiten in Rundfunk/Fernsehen). Dabei regelt § 5 ParteiG die Anwendung des Gleichheitssatzes in der Weise, dass zwar grundsätzlich alle Parteien gleich behandelt werden sollen (§ 5 Abs. 1 S. 1 ParteiG), der

Umfang der Gewährung aber nach der Bedeutung der Parteien bis zu dem für die Erreichung ihres Zweckes erforderlichen Mindestmaß abgestuft werden kann (**Prinzip der abgestuften Chancengleichheit**, § 5 Abs. 1 S. 2 ParteiG).

Diese Regelung ist sowohl mit Art. 3 GG als auch mit Art. 21 GG vereinbar, da die Berücksichtigung der Bedeutung der Partei ein sachlicher Grund ist und sich auf ihre Teilnahme an der politischen Willensbildung (Art. 21 Abs. 1 S. 1 GG) bezieht. Es würde gerade gegen Art. 3 und Art. 21 GG verstoßen, wenn auch eine gänzlich unbedeutende Splitterpartei in demselben Umfang zu Worte käme wie beispielsweise die größte Oppositionspartei im Bundestag.

II. Abgestufte Chancengleichheit

Danach ist es grundsätzlich zulässig, einer kleineren Partei weniger Sendezeit einzuräumen als den großen Parteien. Nach § 5 Abs. 1 S. 2 ParteiG darf aber das für die Erreichung des Wahlkampfzweckes erforderliche Mindestmaß nicht unterschritten werden. Dabei muss der Umfang der Gewährung für eine Partei, die in Fraktionsstärke im Bundestag vertreten ist, mindestens halb so groß wie für jede andere Partei sein (§ 5 Abs. 1 S. 4 ParteiG). Bei den sonstigen kleinen und neuen Parteien wird die zur Verfügung zu stellende Mindestwerbezeit in der Rspr. in der Regel auf ein Viertel der Zeit festgelegt, die der größten Partei zugebilligt wird.

Im Übrigen bemisst sich die Bedeutung einer Partei **insbesondere** nach den Ergebnissen vorausgegangener Wahlen zu Volksvertretungen (§ 5 Abs. 1 S. 3 ParteiG). Allerdings verbietet der Grundsatz der Chancengleichheit der Parteien, allein auf den Erfolg bei früheren Wahlen abzustellen.

III. Nutzung öffentlicher Einrichtungen

Ein weiterer wichtiger Anwendungsfall des § 5 ParteiG ist das Zur-Verfügung-Stellen von **Versammlungsgelegenheiten**, wie gemeindlichen Sälen und Veranstaltungsplätzen. § 5 ParteiG führt hierbei vor allem zu einer Erweiterung und Konkretisierung des in den Gemeindeordnungen geregelten Benutzungsanspruchs, der in der Regel auf **örtliche** Vereinigungen beschränkt ist. Wegen § 5 ParteiG können daher auch ortsfremde Parteiverbände an jedem beliebigen Ort den Benutzungsanspruch geltend machen.

V. Ein Leistungs- oder Nutzungsanspruch einer Partei gegenüber einem Hoheitsträger (z.B. Gemeinden, öffentlich-rechtliche Rundfunkanstalten) darf in keinem Fall abgelehnt werden wegen **ver-**

meintlicher Verfassungsfeindlichkeit der Partei; dies wäre ein Verstoß gegen das Parteienprivileg aus Art. 21 Abs. 2 GG.

Zusammenfassung: Parteien, Art. 21 GG

Rechtsnatur

- Teilrechtsfähige Vereinigung des Privatrechts; vgl. §§ 2, 3 ParteiG

Rechte

- Recht auf freie und dauernde Mitwirkung an der politischen Willensbildung des Volkes; Art. 21 Abs. 1 S. 1 GG, konkretisiert durch § 1 Abs. 2 ParteiG
- Recht auf Gründungsfreiheit; Art. 21 Abs. 1 S. 2 GG
- Parteienprivileg; Art. 21 Abs. 2 S. 2 GG
- Recht auf (abgestufte) Chancengleichheit, § 5 Abs. 1 ParteiG
- Recht auf Ausschluss von Mitgliedern unter den Voraussetzungen des § 10 Abs. 4 ParteiG

Pflichten

- Die innere Ordnung der Partei muss demokratischen Grundsätzen entsprechen; Art. 21 Abs. 1 S. 3 GG

Recht und Pflicht

- Staatsfreiheit; Art. 21 Abs. 1 GG, § 2 Abs. 1 ParteiG

1. Was ist Inhalt bzw. Folge des sogenannten Parteienprivilegs?

1. Eine Partei kann wegen Verfassungswidrigkeit nur durch das BVerfG verboten werden und nicht durch Bundes- oder Landesbehörden wie bei Vereinigungen (Art. 9 Abs. 1 GG i.V.m. VereinsG). Folge ist insbesondere, dass Parteien bis zu diesem Zeitpunkt als verfassungsgemäß zu behandeln sind, und insbesondere eine Ablehnung von Sendezeiten in Rundfunk und Fernsehen sowie von Nutzungsmöglichkeiten öffentlicher Einrichtungen der Gemeinden wegen angeblicher Verfassungsfeindlichkeit gegen Art. 21 Abs. 2 GG verstößt.

2. Haben alle Parteien in gleicher Weise einen Anspruch auf Zuteilung von Wahlwerbesendezeiten in Rundfunk und Fernsehen bzw. auf Zuteilung von Räumlichkeiten für Wahlveranstaltungen?

2. Nein! Gemäß § 5 Abs. 1 S. 2 ParteiG gilt der Grundsatz der abgestuften Chancengleichheit, d.h., der Umfang der Gewährung kann nach der Bedeutung der Parteien unterschiedlich sein. Allerdings muss der Umfang der Gewährung für eine Partei, die in Fraktionsstärke im Bundestag vertreten ist, mindestens halb so groß wie für jede andere Partei sein; § 5 Abs. 1 S. 4 ParteiG.

4. Teil: Der Bundesrat

1. Abschnitt: Stellung des Bundesrats

Durch den Bundesrat wirken die Länder bei der Gesetzgebung und Verwaltung des Bundes sowie in Angelegenheiten der Europäischen Union mit (Art. 50 GG). Die Mitwirkung begründet nur ein **Beteiligungsrecht**, der Bundesrat ist daher **keine selbstständige zweite Gesetzgebungskammer**.

2. Abschnitt: Zusammensetzung des Bundesrats

Der Bundesrat besteht aus Mitgliedern der Landesregierungen, die sie bestellen und abberufen (Art. 51 Abs. 1 GG).

Auch wenn sich der Bundesrat aus Vertretern der Länder zusammensetzt, handelt es sich gleichwohl um ein **Bundesorgan**. Er wird ausschließlich im Zuständigkeitsbereich des Bundes tätig und nicht in dem der Länder.

Der Bundesrat ist nicht unmittelbar demokratisch legitimiert (anders z.B. der Senat in den USA, der unmittelbar vom Volk gewählt wird). Die **Legitimation** des Bundesrates folgt daraus, dass die Länderparlamente gewählt werden, diese die Zusammensetzung der Landesregierungen zumindest über die Wahl des Ministerpräsidenten bestimmen und die Landesregierungen die Bundesratsmitglieder entsenden. Anders als der Bundestag ist der Bundesrat ein **permanentes (ewiges) Organ**. Es besteht daher weder eine personelle noch eine sachliche Diskontinuität wie beim Bundestag (s.o. S. 59).

Der Bundesrat kann sich deshalb auch nach dem Ende einer Legislaturperiode des Bundestages noch mit den vom alten Bundestag beschlossenen Gesetzen befassen.

Der Bundesrat setzt sich aus **69 stimmberechtigten Mitgliedern** zusammen, wobei die Länder je nach Größe 3 bis 6 Stimmen haben (Art. 51 Abs. 2 GG). Jedes Land kann so viele Mitglieder entsenden wie es Stimmen hat, ist aber bereits ausreichend vertreten, wenn ein Mitglied der Landesregierung anwesend ist, das die anderen vertritt.

Zwischen den Mitgliedschaften im Bundestag und im Bundesrat besteht eine **Inkompatibilität**. Der Bundesrat hat gegenüber dem Bundestag **Hemmungs- und Kontrollbefugnisse** (sogenannte vertikale Gewaltenteilung; s.o. S. 20). Da niemand sich in diesem Sinne selbst kontrollieren kann, können diese Befugnisse nur dann wirksam ausgeübt werden, wenn die Mitglieder der beiden Gremien personenverschieden sind (personelle Gewaltenteilung bzw. Inkompatibilität; s.o. S. 20 f.).

Die Zusammensetzung des Bundesrates

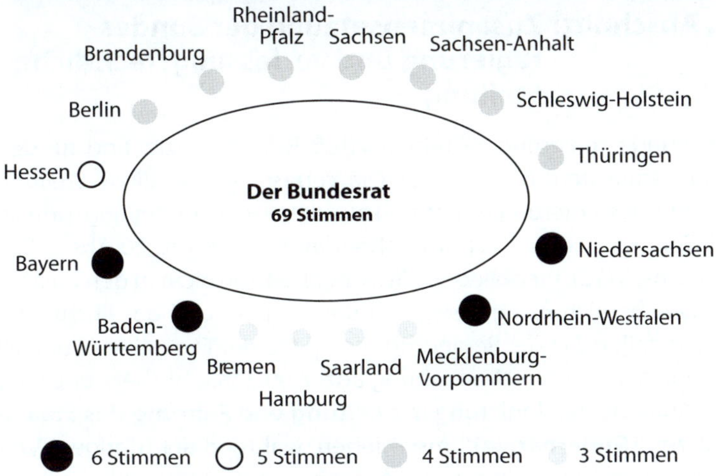

3. Abschnitt: Beschlussfassung im Bundesrat

Alle Entscheidungen des Bundesrats müssen mit der Mehrheit seiner Stimmen (also mindestens 35) gefasst werden (Art. 52 Abs. 3 GG). Die Stimmen eines Landes müssen **einheitlich** abgegeben werden (Art. 51 Abs. 3 S. 2 GG). Ein Verstoß gegen das Gebot der einheitlichen Votierung macht alle Stimmen des Landes ungültig.

Um die einheitliche Stimmabgabe zu gewährleisten, ist anerkannt, dass die Vertreter des Landes grundsätzlich **weisungsabhängig** sind (Ausnahme im Fall des Art. 77 Abs. 2 S. 3 GG). Die Stimmabgabe ist aber auch dann gültig, wenn sie von einer Weisung abweicht oder ihr zuwiderläuft.

Weisungsbefugt ist nur die Landesregierung, nicht aber das Parlament.

4. Abschnitt: Zuständigkeiten des Bundesrats

Art. 50 GG selbst ist keine Zuständigkeitsvorschrift. Für eine Zuständigkeit des Bundesrates bedarf es vielmehr einer **besonderen Regelung im GG**, insbesondere

- Mitwirkung im förmlichen Gesetzgebungsverfahren, Art. 76 und Art. 77 Abs. 2–4 GG (dazu noch unten S. 96 ff.);
- Beteiligung in Angelegenheiten der Europäischen Union, Art. 23 Abs. 2, 4–6 und Art. 52 Abs. 3 a GG i.V.m. IntegrationsverantwortungsG und Gesetz über Zusammenarbeit von Bund und Ländern in Angelegenheiten der EU (Sartorius Nr. 97).

5. Teil: Die Bundesregierung

1. Abschnitt: Zusammensetzung der Bundesregierung und verfassungsrechtliche Stellung

Die Bundesregierung besteht aus dem Bundeskanzler und aus den Bundesministern (Art. 62 GG). Die verfassungsrechtliche Stellung der Bundesregierung ergibt sich aus dem Gewaltenteilungsprinzip als Teil der zweiten, der vollziehenden Gewalt (Art. 20 Abs. 2 S. 2 und Abs. 3 GG). Ihr obliegen alle Aufgaben, die nicht in den Zuständigkeitsbereich der gesetzgebenden Organe und der Rechtsprechung fallen. Da die Regierung die Spitze der Exekutive bildet, ist sie von der (übrigen) Verwaltung abzugrenzen. Üblicherweise wird die Aufgabe der Regierung mit **Leitung und Führung des Staatsganzen (Gubernative)** umschrieben, während der (übrigen) Verwaltung im Wesentlichen die Aufgabe des Gesetzesvollzuges zugewiesen wird (Exekutive i.e.S.).

Die Problematik der Abgrenzung zwischen Regierung und sonstiger Verwaltung wird deutlich beim einzelnen Bundesminister. Dieser ist einerseits Mitglied der Bundesregierung, andererseits Leiter eines Ministeriums, das zur (übrigen) Verwaltung gehört.

2. Abschnitt: Bildung der Bundesregierung

A. Wahl des Bundeskanzlers

Die **Wahl des Bundeskanzlers** durch den Bundestag regelt Art. 63 GG in verschiedenen Phasen:

- **1. Wahlphase:** Der Bundespräsident schlägt dem Bundestag einen Kanzlerkandidaten vor (Art. 63 Abs. 1 GG). Erhält dieser „die Stimmen der Mehrheit der Mitglieder des Bundestages" (s.o. S. 57 f.), so muss der Bundespräsident ihn ernennen (Art. 63 Abs. 2 GG).
- **2. Wahlphase:** Erreicht der Vorgeschlagene nicht die erforderliche Mehrheit, so kann der Bundestag binnen 14 Tagen mit absoluter Mehrheit (s.o. S. 57 f.) einen Bundeskanzler wählen, ohne dass ein Vorschlag des Bundespräsidenten vorliegt (Art. 63 Abs. 3 GG).
- **3. Wahlphase:** Kommt innerhalb dieser Frist eine Wahl nicht zustande, so findet unverzüglich ein neuer Wahlgang statt, in dem gewählt ist, wer die (einfache) Mehrheit der Stimmen erhält. Erreicht der Gewählte die absolute Mehrheit, so muss ihn der Bundespräsident ernennen. Bei einfacher Mehrheit (s.o. S. 57) hat der Bundespräsident ein Wahlrecht: Er kann binnen sieben Tagen entweder den Gewählten ernennen oder den Bundestag auflösen (Art. 63 Abs. 4 GG).

B. Personalentscheidungen und Organisationsgewalt

Die **Ernennung der Bundesminister** und damit die Bildung der Bundesregierung ist in Art. 64 GG geregelt. Die formelle Ernennung obliegt dem **Bundespräsidenten** (Aushändigung einer Ernennungsurkunde gemäß § 2 BMinG). Sie darf nur auf Vorschlag des Bundeskanzlers erfolgen (sogenanntes **Kabinettsbildungsrecht** gemäß Art. 64 Abs. 1 GG). In diesem Vorschlagsrecht liegt der für die Ernennung der Minister und die Bildung der Bundesregierung entscheidende Akt.

Ob der Bundespräsident verpflichtet ist, den Vorgeschlagenen zu ernennen, ist eine Frage der Befugnisse des Staatsoberhauptes (dazu unten S. 91 f.).

Welche Ministerien es gibt und welche Aufgaben von ihnen wahrgenommen werden, ist im GG nicht festgelegt, sondern der – u.a. bereits in Koalitionsvereinbarungen festgelegten – **Organisationsgewalt des Bundeskanzlers** überlassen. Allerdings sind einige Ministerien zwingend vorgeschrieben (Finanzen in Art. 112, 114 GG; Verteidigung in Art. 65a GG; Justiz in Art. 96 GG).

3. Abschnitt: Zuständigkeiten und Aufgabenverteilung

A. Zuständigkeiten der Bundesregierung

I. Die **Zuständigkeiten** der Bundesregierung sind nicht im Einzelnen im GG aufgezählt, sondern ergeben sich aus dem Wesen einer Regierung. Ausdrücklich zugewiesen sind der Bundesregierung u.a. folgende Kompetenzen:

- Mitwirkung beim Gesetzgebungsverfahren (Art. 76 Abs. 1, 82 Abs. 1 GG);
- Mitwirkung in Angelegenheiten der EU, insbesondere bei Rechtssetzungsakten unter angemessener Beteiligung des Bundestages, des Bundesrates und der Länder (Art. 23 Abs. 2–6 GG);
- Erlass von Rechtsverordnungen (Art. 80 GG) und von Verwaltungsvorschriften (Art. 84 Abs. 2, 85 Abs. 2, 86 S. 1 GG).

II. Im Übrigen lassen sich die Aufgaben der Bundesregierung nicht umfassend beschreiben. Folgende Befugnisse stehen ihr traditionell zu und sind besonders wichtig:

- das Setzen bestimmter politischer Ziele (z.B. in der Außen- und Verteidigungspolitik);

- die Ausübung der Organisationsgewalt im Bundesbereich, soweit keine ausdrücklichen gesetzlichen Vorschriften eingreifen (z.B. Entscheidung, wie viele Ministerien gebildet werden und welche Aufgaben von den einzelnen Ministern wahrgenommen werden);

- die Überwachung des Gesetzesvollzugs durch Länderbehörden, z.B. die in Art. 84 Abs. 3–5 und Art. 85 Abs. 3 u. 4 GG eingeräumten Befugnisse (vgl. dazu noch unten S. 113 ff.).

B. Kanzler-, Ressort- und Kollegialprinzip

Richtlinienkompetenz des Bundeskanzlers (Kanzlerprinzip)
- generelle Anweisung
- konkrete Einzelfallentscheidung

Vorrang

Ressortprinzip	**Kollegialprinzip**
innerhalb der Richtlinien für Geschäftsbereich	bei Meinungsverschiedenheiten zwischen Ministerien

- Nach Art. 65 S. 1 GG bestimmt der Bundeskanzler die **Richtlinien der Politik** und trägt dafür die Verantwortung. Was Richtlinien der Politik sind, ist naturgemäß schwer zu bestimmen. Erfasst werden die **grundlegenden** und richtungsbestimmenden politischen Entscheidungen im Bereich der Regierung, aber auch **bedeutsame Einzelfragen**.

- Soweit keine Richtlinien bestehen oder vorhandene Richtlinien zu konkretisieren sind, leitet jeder Bundesminister seinen Geschäftsbereich selbstständig und unter eigener Verantwortung (Art. 65 S. 2 GG: **Ressortprinzip**). Da sich das Ressortprinzip nur auf den jeweiligen Geschäftsbereich des betreffenden Ministers bezieht, lässt sich eine Entscheidung nach Art. 65 S. 2 GG nicht treffen, sofern der Bereich mehrerer Ministerien betroffen ist.

  Das Ressortprinzip enthält u.a. auch die Befugnis zur Öffentlichkeitsarbeit des jeweiligen Ministeriums. Ob dies auch als ausreichende Legitimation für **ministerielle Warnerklärungen** angesehen werden kann, ist wegen des Grundsatzes vom Vorbehalt des Gesetzes (s.o. S. 26) problematisch.

  Die **Richtlinienkompetenz** des Bundeskanzlers ist bei Einzelmaßnahmen stets im Zusammenhang mit der **Ressortkompetenz** des einzelnen Ministers zu sehen. Sie darf daher nicht zu einem „Gängeln" in Routineangelegenheiten missbraucht werden. Die Grenze zur selbstständigen Ressortleitung ist nach h.M. dann überschritten, wenn die Richtlinienbestimmung so detailliert erfolgt, dass dem Minister kein Gestaltungsspielraum von substanziellem politischem Gewicht verbleibt.

- Kommt es in ressortübergreifenden Fragen nicht zu einer Einigung zwischen den beteiligten Ministern, so entscheidet die Bundesregierung (Art. 65 S. 3 GG: Kollegial- oder **Kabinettsprinzip**).

Das GG enthält selbst keine Bestimmung darüber, wie Entscheidungen der BReg zu fällen sind. Einzelheiten finden sich vielmehr gemäß Art. 65 S. 4 GG in der GO BReg.

4. Abschnitt: Regierungskrise

A. Das konstruktive Misstrauensvotum gemäß Art. 67 GG

I. Nach dem Prinzip der parlamentarischen Demokratie bedarf die Regierung grundsätzlich des Vertrauens der Parlamentsmehrheit (vgl. oben S. 57 f.). Diesem Prinzip trägt das Grundgesetz in Art. 67 Rechnung. Danach kann der Bundestag dem Bundeskanzler das Misstrauen nur dadurch aussprechen, dass er mit der Mehrheit seiner Mitglieder einen Nachfolger wählt und den Bundespräsidenten ersucht, den Bundeskanzler zu entlassen (sogenanntes **konstruktives Misstrauensvotum**).

II. Die **Abberufung eines Bundesministers** durch den Bundestag sieht das GG nicht vor. Außer der Möglichkeit, auf den Bundeskanzler politischen Druck auszuüben, bleibt nur der Weg über Art. 67 GG. Mit der Abwahl des Bundeskanzlers endet dann auch das Amt des missliebigen Bundesministers (Art. 69 Abs. 2 GG).

III. Problematisch ist die Zulässigkeit **schlichter Missbilligungsbeschlüsse** oder vergleichbarer Handlungen des Bundestags.

1. Aus dem Gedanken, dass das konstruktive Misstrauensvotum die ultima ratio parlamentarischer Kontrolle darstellt, wird die Zulässigkeit solcher Beschlüsse von der h.M. bejaht, soweit es um die Missbilligung eines **konkreten Verhaltens** geht.

2. Umstritten ist, ob beim **Bundeskanzler** ein sich **auf die gesamte Amtsführung** erstreckendes **(allgemeines) Missbilligungsvotum** zulässig ist. Gegen die Zulässigkeit solcher Beschlüsse sprechen Sinn und Zweck des Art. 67 GG, weil sie die Autorität des Kanzlers ernsthaft infrage stellen, ohne dass ein neuer Kanzler präsentiert wird. Eine allgemeine Missbilligung der Amtsführung des Bundeskanzlers fällt somit in den Regelungsbereich des Art. 67 GG und ist deshalb nur durch (konstruktive) Neuwahl möglich.

3. Dagegen soll es der Regelung des Art. 67 GG nicht widersprechen, den Kanzler (oder einen Minister) **aufzufordern, zurückzutreten oder die Vertrauensfrage nach Art. 68 GG zu stellen**. Nur die Verfassung selbst könne die parlamentarische Beschlussfassung einschränken. Art. 67 GG schließe daher Beschlüsse ohne rechtlich zwingende Abgangsfolge nicht aus.

B. Die Vertrauensfrage, Art. 68 GG

Art. 67 GG kann nicht verhindern, dass eine Parlamentsmehrheit vorhanden ist, die die Regierungspolitik nicht billigt, zur Wahl eines neuen Kanzlers aber nicht in der Lage ist. Eine solche („negative") Mehrheit könnte die von der Bundesregierung für notwendig gehaltenen Gesetze, insbesondere das Haushaltsgesetz, ablehnen, was zur politischen Machtlosigkeit der Regierung führen würde. In diesem Fall der Regierungskrise ohne Kanzlerneuwahl hat der Bundeskanzler nach Art. 68 GG die Möglichkeit, die **Vertrauensfrage** zu stellen, und zwar isoliert oder in Verbindung mit einer Gesetzesvorlage (Art. 81 Abs. 1 S. 2 GG). Wird die Vertrauensfrage verneint, gibt Art. 68 GG dem Kanzler die Möglichkeit, dem Bundespräsidenten die **Auflösung** des Bundestages vorzuschlagen.

Selbstverständlich können der Bundeskanzler und die gesamte Bundesregierung zurücktreten oder aber als Minderheitsregierung im Amt bleiben.

Nach Auffassung des Bundesverfassungsgerichts ergeben sich aus Art. 68 GG sowohl die Möglichkeit der echten Vertrauensfrage als auch die der unechten Vertrauensfrage.

I. Durch die **echte** bzw. **nicht auflösungsgerichtete Vertrauensfrage** kann eine (tatsächlich) in Zweifel stehende Handlungsfähigkeit hinsichtlich der tatsächlichen Kräfteverhältnisse im Parlament auf die Probe gestellt und geklärt werden.

II. Die **unechte** oder **auflösungsgerichtete Vertrauensfrage** hat das Ziel, eine handlungsfähige Regierung mit hinreichender parlamentarischer Mehrheit zu sichern oder wiederzugewinnen.

Die auflösungsgerichtete Vertrauensfrage des Bundeskanzlers und die darauf aufbauende Auflösung des Bundestages durch den Bundespräsidenten ist nur dann zulässig, wenn die Handlungsfähigkeit der Regierung nicht mehr gesichert ist. Als nicht ausreichend wird angesehen, dass eine instabile Lage nur vorgeschoben wird, um in zweckwidriger Weise zu einer Neuwahl zu gelangen.

6. Teil: Der Bundespräsident

1. Abschnitt: Aufgaben und Funktion

A. Entsprechend der dem Bundespräsidenten (BPräs) zugewiesenen Aufgaben nimmt er drei Funktionen wahr:

- **Repräsentationsfunktion**

  Als Staatsoberhaupt vertritt der BPräs den Staat nach innen und nach außen (z.B. völkerrechtlich, Art. 59 Abs. 1 GG).

- **Integrationsfunktion**

  Am Ende eines Entscheidungsprozesses hat der BPräs den staatlichen Willen nach außen hin zu bekunden und damit deutlich zu machen, dass aus der Vielfalt politischer Meinungen ein einheitlicher staatlicher Wille geworden ist. Hauptbeispiel ist die Ausfertigung von Gesetzen gemäß Art. 82 GG. Im Vorfeld gehört dazu auch das Bemühen um Beilegung von Differenzen durch Aussprachen.

- **Reservefunktion**

  Wenn andere Verfassungsorgane sich als nicht mehr funktionsfähig erweisen, hat der BPräs selbst Entscheidungen zu treffen. Hauptbeispiel ist die Auflösung des Bundestages nach Art. 68 GG.

B. Von den Ausnahmefällen der „Reservefunktion" abgesehen ist dem BPräs eine aktive und gestaltende Mitwirkung an der Staatsgewalt versagt. Das ergibt sich zunächst aus den geringen ihm zugewiesenen Zuständigkeiten, ferner aus der Notwendigkeit einer Gegenzeichnung (Art. 58 GG; dazu unten S. 89).

Insoweit besteht ein wesentlicher **Unterschied zum Reichspräsidenten** der Weimarer Verfassung. Der Reichspräsident hatte die Befugnis zur Auflösung des Reichstags (Art. 25) und zur Herbeiführung eines Volksentscheids über Gesetze (Art. 73, 74); er verfügte über das Notverordnungsrecht nach Art. 48 und hatte den Oberbefehl über die Wehrmacht (Art. 47). Diesen weitgehenden Befugnissen entsprach, dass der Reichspräsident unmittelbar vom Volke gewählt wurde („plebiszitärer Präsident"), und zwar für eine Amtsperiode von sieben Jahren. Von diesem Modell rückten die Verfasser des GG ausdrücklich ab, legten die politische Macht deutlich in die Hände von Parlament und Regierung, was naturgemäß die Stellung des BPräs beträchtlich schwächte.

2. Abschnitt: Wahl und Amtsdauer

Die **Wahl** des BPräs erfolgt durch die **Bundesversammlung** (Art. 54 Abs. 1 S. 1 GG). Die Bundesversammlung besteht aus den Mitgliedern des Bundestages und einer gleichen Anzahl von Mitgliedern, die von den Volksvertretungen der Länder nach den Grundsätzen der Verhältniswahl gewählt werden (Art. 54 Abs. 3

GG). Art. 54 Abs. 6 GG sieht zwei Wahlgänge vor, in denen die absolute Mehrheit erforderlich ist. Wird sie nicht erreicht, so genügt im 3. Wahlgang die relative Mehrheit.

Näheres regelt gemäß Art. 54 Abs. 7 GG das Gesetz über die Wahl des Bundespräsidenten (Sartorius I 33).

Die Amtszeit des BPräs beträgt **fünf Jahre**. Anschließende Wiederwahl ist nur einmal zulässig (Art. 54 Abs. 2 GG). Bei Verhinderung des BPräs oder bei vorzeitiger Erledigung seines Amtes obliegt die **Vertretung** dem Präsidenten des Bundesrates (Art. 57 GG).

3. Abschnitt: Zuständigkeiten des Bundespräsidenten

Die Befugnisse des BPräs sind weder in einer Generalklausel noch in einem Zuständigkeitskatalog aufgeführt, sondern finden sich in verschiedenen Vorschriften des GG, insbesondere:

- Zuständigkeiten bei der **Regierungsbildung**
  - Vorschlag eines Kanzlerkandidaten und Ernennung des **Bundeskanzlers** (Art. 63 GG)
  - Ernennung (Entlassung) der **Bundesminister** (Art. 64 Abs. 1 GG),
- Zuständigkeiten bei **Regierungskrisen**:
  - **Auflösung des Bundestags** bei Ablehnung der Vertrauensfrage (Art. 68 GG)
  - Erklärung des **Gesetzgebungsnotstands** (Art. 81 GG)
- **Völkerrechtliche Vertretung** des Bundes (Art. 59 GG),
- **Ausfertigung der Gesetze** (Art. 82 GG),
- Ernennung und Entlassung der Bundesbeamten und Bundesrichter, soweit diese Aufgabe nicht auf andere Behörden übertragen ist (Art. 60 Abs. 1 u. 3 GG),
- Ausübung des **Begnadigungsrechts** für den Bund im Einzelfall (Art. 60 Abs. 2 GG).

Gewisse Zuständigkeiten stehen dem BPräs traditionell als **Staatsoberhaupt** zu: Repräsentation nach innen (z.B. Eröffnung von Veranstaltungen, Ansprachen aus besonderem Anlass); Übernahme der „Schirmherrschaft" über unterstützungswürdige Veranstaltungen und Einrichtungen; Stiftungen und Verleihung von Auszeichnungen; Befugnis zur Festlegung der Nationalhymne.

4. Abschnitt: Das Erfordernis der Gegenzeichnung (Art. 58 GG)

Nach Art. 58 S. 1 GG bedürfen Anordnungen und Verfügungen des BPräs der **Gegenzeichnung** durch den Bundeskanzler oder durch den zuständigen Bundesminister (Ausnahmen in S. 2). Durch dieses formelle Erfordernis wird klargestellt, dass die **politische Verantwortung** für die Maßnahme nicht beim BPräs, sondern bei dem gegenzeichnenden Mitglied der Bundesregierung liegt. Dies ist deshalb notwendig, weil der BPräs demokratisch-politisch nicht verantwortlich ist.

„Die Gegenzeichnung ‚will eine eigenständige Politik des BPräs verhindern. ... Zugleich will sie den BPräs von politischer Verantwortung freistellen, die durch die Gegenzeichnung auf den Bundeskanzler oder den zuständigen Minister übergeht'. – Fehlt die Gegenzeichnung, ist der Akt nichtig (vgl. ‚zu ihrer Gültigkeit' in Art. 58 GG)." (Wortlautzitat von Stern)

5. Abschnitt: Prüfungsrecht des Bundespräsidenten

A. Prüfungsbefugnis bei der Ausfertigung der Bundesgesetze, Art. 82 GG

I. Formelles Prüfungsrecht

Unstreitig steht dem BPräs ein **formelles Prüfungsrecht** zu, d.h., er hat zu prüfen, ob ein Gesetz formell rechtmäßig zustande gekommen ist. Dazu gehört die Zuständigkeit des Bundes (s.u. S. 97 ff.) sowie das ordnungsgemäße Gesetzgebungsverfahren (s.u. S. 100 ff.). Dies ergibt sich unmittelbar aus dem Wortlaut des Art. 82 Abs. 1 S. 1 GG, wonach der BPräs die **„nach den Vorschriften dieses Grundgesetzes zustande gekommenen** Gesetze" ausfertigt.

Unter den gleichen Voraussetzungen besteht auch ein **Prüfungsrecht des Bundeskanzlers** im Rahmen der Gegenzeichnung gemäß Art. 58 GG!

II. Materielles Prüfungsrecht

Umstritten ist, ob der BPräs auch ein **materielles Prüfungsrecht** hat, ob er also bei materieller Verfassungswidrigkeit die Ausfertigung des Gesetzes verweigern darf (z.B. bei Verstoß gegen Staatsformmerkmale aus Art. 20 Abs. 1–3 GG oder gegen Grundrechte).

1. Teilweise wird ein materielles Prüfungsrecht grundsätzlich **abgelehnt**, da der BPräs ansonsten quasi ein Recht zur Normenkontrolle und -verwerfung hätte. Dies sei mit dem **Verwerfungsmonopol des BVerfG** und im Übrigen auch mit der enumerativen Aufzählung der Antragsberechtigten im Normenkontrollverfahren gemäß Art. 93 Abs. 1 Nr. 2 GG, § 76 BVerfGG nicht vereinbar.

Dagegen spricht jedoch, dass der BPräs – anders als bei der Normenkontrolle – kein geltendes Gesetz verwirft, sondern dessen Inkrafttreten verhindert. Außerdem gilt das **Verwerfungsmonopol** des BVerfG nur im Verhältnis zu anderen Gerichten (Art. 100 GG) und sagt daher nichts über das Verhältnis zum BPräs aus. Im Übrigen können die Gesetzgebungsorgane im Fall der Weigerung des BPräs ein **Organstreitverfahren** anstrengen, sodass das Gesetz auch in diesem Fall der allein verbindlichen Entscheidung des BVerfG zugänglich ist.

2. Die heute h.M. hält den BPräs deshalb für berechtigt, die Verfassungsmäßigkeit des Gesetzes nicht nur in formeller, sondern **auch in materieller Hinsicht** zu prüfen (und damit bei negativem Befund die Ausfertigung zu verweigern).

a) Dafür könnte zunächst die Verpflichtung des BPräs aus seinem **Amtseid** (Art. 56 GG) sprechen, „das Grundgesetz zu wahren“. Diese Verpflichtung gilt aber nur im Rahmen und nach Maßgabe der dem BPräs grundgesetzlich zugewiesenen Aufgaben, sagt aber nichts über den Umfang der Kompetenzen des BPräs aus. Art. 56 GG selbst hat keine kompetenzbegründende, sondern nur eine kompetenzausfüllende Wirkung. Die Herleitung aus Art. 56 GG würde daher zu einem Zirkelschluss führen, denn der BPräs kann seine Pflichten durch die Ausfertigung eines verfassungswidrigen Gesetzes nur dann verletzen, wenn er zur Prüfung überhaupt berechtigt und verpflichtet ist.

b) Das Recht zur materiellen Prüfung wird von der h.M. deshalb vor allem aus der Bindung des BPräs **an das Grundgesetz** abgeleitet, insbesondere aus Art. 1 Abs. 3 und Art. 20 Abs. 3 GG. Der BPräs darf danach nur solche Akte vollziehen, die mit der Verfassung im Einklang stehen. Durch die Ausfertigung würde dem verfassungswidrigen Gesetz der Anschein der Rechtsgültigkeit verliehen. Auch kann ein umfassend an die Verfassung gebundenes Staatsorgan nicht verpflichtet sein, Handlungen vorzunehmen, die seiner Auffassung nach gegen das Grundgesetz verstoßen. Die materielle Prüfungskompetenz ergibt sich daher aus dem **Rechtsstaatsprinzip** nach Art. 20 Abs. 3 GG i.V.m. der Stellung des BPräs als Staatsoberhaupt.

c) Allerdings wird häufig das materielle Prüfungsrecht des BPräs auf eindeutige bzw. **evidente** Verfassungsverletzungen begrenzt. Für diese Einschränkung spricht vor allem, dass dem BPräs durch das GG nur eine unselbstständige Stellung im Verfassungsgefüge eingeräumt ist. Eine generelle Prüfungskompetenz würde der Gewichtung im Vergleich zu den anderen Verfassungsorganen widersprechen. Für den Inhalt eines Gesetzes ist primär der Gesetzgeber, also Bundestag und Bundesrat, verantwortlich. Deren Beurteilung der Verfassungsmäßigkeit hat deshalb die **Vermutung** der Richtigkeit für sich, die vom BPräs im formellen Gesetzgebungsverfahren nur bei offensichtlichen Verstößen widerlegt werden kann.

Dies entspricht auch der Staatspraxis: In den bisherigen Fällen haben die BPräsidenten ihre Weigerung stets mit einem offenkundigen Verfassungsverstoß begründet. – So auch bei der Ausfertigung des ParteiG, das der BPräs Anfang 1994 nur deshalb unterzeichnet hat, weil es seiner Meinung nach zumindest nicht offenkundig verfassungswidrig ist.

Soweit dem BPräs ein Prüfungsrecht zusteht, trifft ihn grundsätzlich auch eine **Prüfungspflicht**. Denn Kompetenzen sind den Verfassungsorganen stets zugleich als Betätigungspflichten zugewiesen.

III. Unionsrechtliches Prüfungsrecht

Ob dem BPräs auch ein unionsrechtliches Prüfungsrecht zusteht, wird unterschiedlich beurteilt. Während ein solches Prüfungsrecht teilweise bejaht wird, da der BPräs an Art. 20 Abs. 3 GG gebunden sei und der Anwendungsvorrang des Unionsrechts zur verfassungsmäßigen Ordnung in diesem Sinne zähle, wird überwiegend ein solches Prüfungsrecht abgelehnt. Dies wird damit begründet, dass schon der Wortlaut des Art. 82 Abs. 1 GG deutlich mache, dass das Prüfungsrecht des BPräs auf das GG beschränkt sei. Zudem wäre dem Sinn und Zweck des Art. 82 GG lediglich zu entnehmen, dass der BPräs nicht gezwungen werden dürfte, unwirksame Gesetze auszufertigen. Ein Verstoß gegen das Unionsrecht führe wegen des Anwendungsvorrangs (nicht: Geltungsvorrang) aber lediglich zur Unanwendbarkeit, nicht aber zur Unwirksamkeit des nationalen Rechts.

IV. Prozessuale Durchsetzung

Weigert sich der BPräs, ein Gesetz auszufertigen, so können die Gesetzgebungsorgane ein **Organstreitverfahren** vor dem BVerfG anstrengen (Art. 93 Abs. 1 Nr. 1 GG, §§ 13 Nr. 5, 63 ff. BVerfGG). Gelangt das BVerfG zu dem Ergebnis, dass der BPräs seine Mitwirkung zu Unrecht verweigert, stellt es dies nach § 67 BVerfGG fest. Kommt der BPräs auch dann seiner Verpflichtung zur Ausfertigung immer noch nicht nach, bleibt nur die Möglichkeit einer Präsidentenanklage (Art. 61 GG i.V.m. §§ 49 ff. BVerfGG). In diesem Verfahren kann das BVerfG nach Art. 61 Abs. 2 S. 2 GG i.V.m. § 53 BVerfGG durch einstweilige Anordnung bestimmen, dass der BPräs an der Ausübung seines Amtes verhindert ist mit der Folge, dass die Vertretungsregelung des Art. 57 GG eingreift und das Gesetz vom **Präsidenten des Bundesrats** ausgefertigt und verkündet werden kann.

B. Prüfungsbefugnis bei der Ernennung und Entlassung von Bundesministern

I. Umfang des Prüfungsrechts

Nach ganz h.M. hat der BPräs bei der Ernennung und Entlassung von Ministern ein **formelles und materielles Prüfungsrecht**, das allerdings wegen der geringen rechtlichen Anforderungen an die Ernennung und Entlassung eines Ministers nur eine unbedeutende praktische Bedeutung hat (vgl. §§ 4, 5 BMinG).

Bei den für die Gegenmeinung angegebenen Stellen ist meist nicht klar zu ersehen, ob danach der BPräs wirklich verpflichtet sein soll, auch bei einem gesetzwidrigen Vorschlag die Ernennung auszusprechen.

II. Politisches Ablehnungsrecht

Umstritten ist, ob und inwieweit der BPräs ein **politisches Ablehnungsrecht** hat.

Überwiegend wird ihm dieses Recht abgesprochen, was sowohl mit dem Wortlaut des Art. 64 Abs. 1 GG als auch allgemein mit der Stellung des BPräs und seinem Verhältnis zum Bundeskanzler begründet wird. Der Bundespräsident hat keinen Einfluss auf die Richtlinien der Politik, auch nicht mittelbar über die Zusammensetzung der Regierung. Der Bundeskanzler trägt gegenüber dem Bundestag allein die Verantwortung für „sein" Kabinett.

Die Gegenmeinung gesteht dem BPräs ein mehr oder weniger eingeschränktes Ablehnungsrecht zu.

C. Politisches Ermessen

In einigen wenigen Fällen hat der BPräs einen weitergehenden, auch **politische Ermessenserwägungen** umfassenden, Entscheidungsspielraum: Auflösung des Bundestages (Art. 68 Abs. 1 S. 1 GG); Erklärung des Gesetzgebungsnotstandes (Art. 81 Abs. 1 GG); Verlangen nach Zusammentritt des Bundestages (Art. 39 Abs. 3 S. 3 GG); Ausübung des Begnadigungsrechts (Art. 60 Abs. 2 GG).

Ausdrücklich ausgeschlossen sind Ermessenserwägungen dagegen z.B. in Art. 63 Abs. 2 S. 2 GG („ist zu ernennen“) und Art. 63 Abs. 4 S. 2 GG („muss ihn ernennen“).

6. Abschnitt: Äußerungen des Bundespräsidenten

Dem BPräs ist es aus seiner Aufgabe und Funktion heraus untersagt, aktiv und gestaltend an der Staatsgewalt mitzuwirken (mit Ausnahme seiner Reservefunktion, s.o.). Aus diesem Grunde können Äußerungen des BPräs über bestimmte Personen/Parteien, die am politischen Leben teilnehmen, verfassungsrechtlich problematisch werden, insbesondere dann, wenn die Äußerungen zu Wahlkampfzeiten abgegeben werden. Fraglich ist dann insbesondere, ob der BPräs eine Äußerung als Amtsträger oder als Privatmann abgegeben hat, und welche verfassungsrechtlichen Maßstäbe für seine Äußerungen gelten.

- Sollte sich der BPräs (ausnahmsweise) **als Privatmann** äußern, steht ihm wie allen Bürgern die Meinungsäußerungsfreiheit des **Art. 5 Abs. 1 S. 1 GG** zur Verfügung.

- Tätigt der BPräs hingegen eine Äußerung **in seiner Funktion als BPräs**, kann er sich **nicht** auf die Grundrechte berufen, da er nach Art. 1 Abs. 3 GG an die Grundrechte gebunden ist (Konfusionsargument). Aus seiner **Stellung als Staatsoberhaupt** wird jedoch die Aufgabe und die Befugnis des BPräs hergeleitet, im Sinne der **Integration des Gemeinwesens** zu wirken und insofern auf gesellschaftliche Entwicklungen einzugehen. Hinweise auf Fehlentwicklungen und Gefahren bedürfen daher keiner eigenständigen Ermächtigung, sondern sind als Befugnis **seinem Amt immanent**.

  Grenzen seiner Äußerungen ergeben sich unmittelbar aus der Verfassung, z.B.:

  - die **Chancengleichheit der Parteien** (Art. 21 Abs. 1 i.V.m. Art. 38 Abs. 1 GG),
  - das aus dem Rechtsstaatsprinzip (Art. 20 Abs. 3 GG) hergeleitete **Sachlichkeitsgebot,**
  - die **Grundrechte,**
  - der Grundsatz der **Verhältnismäßigkeit.**

Da der BPräs aber im staatlichen Gefüge eine Sonderstellung einnimmt und - anders als z.B. die Bundesregierung - nicht in einem direkten Wettbewerb mit anderen politischen Kräften steht, steht dem BPräs ein sehr weitgehender Gestaltungsspielraum zu. Auch polemische Äußerungen und Zuspitzungen durch den BPräs sind solange zulässig, wie er nicht **willkürlich** und **ohne Sachbezug** Partei ergreift.

1. Welche Folgen hat nach h.M. ein Verstoß gegen das Gebot der einheitlichen Stimmabgabe aus Art. 51 Abs. 3 S. 2 GG?

1. Die Stimmen des Landes, das nicht einheitlich abgestimmt hat, sind ungültig.

2. Was ist der Unterschied zwischen einer echten und unechten Vertrauensfrage und wie ist deren Zulässigkeit zu beurteilen?

2. Durch die echte bzw. nicht auflösungsgerichtete Vertrauensfrage kann eine tatsächlich im Zweifel stehende Handlungsfähigkeit von Kanzler und Regierung auf die Probe gestellt und geklärt werden; sie ist immer zulässig, weil sie genau dem Normzweck von Art. 68 GG entspricht.

Die unechte oder auflösungsgerichtete Vertrauensfrage hat das Ziel, einer an sich handlungsfähigen Regierung nach Auflösung und Neuwahlen breitere Mehrheiten im Parlament zu sichern und ist deshalb unzulässig.

3. Was bedeuten formelles und materielles Prüfungsrecht des Bundespräsidenten?

3. Beide Prüfungsrechte ergeben sich im Rahmen der Ausfertigung von Bundesgesetzen gemäß Art. 82 GG.

Das formelle Prüfungsrecht umfasst das Recht und die Pflicht zu prüfen, ob ein Gesetz formell rechtmäßig zustande gekommen ist, also ob im Bund die Gesetzgebungskompetenz zustand und ob das Gesetzgebungsverfahren ordnungsgemäß abgelaufen ist. Sofern dies nach Auffassung des Bundespräsidenten nicht der Fall ist, muss er die Ausfertigung des Bundesgesetzes verweigern.

Das materielle Prüfungsrecht bezieht sich auf die materielle Verfassungsmäßigkeit von Bundesgesetzen, z.B. auf die Frage, ob ein Bundesgesetz mit Staatsformmerkmalen aus Art. 20 GG unvereinbar ist oder ob ein Verstoß gegen Grundrechte vorliegt. Auch das materielle Prüfungsrecht erfasst das Recht und die Pflicht des Bundespräsidenten, bei materieller Verfassungswidrigkeit die Ausfertigung des Bundesgesetzes zu verweigern.

4. Steht dem Bundespräsidenten nach h.M. ein materielles Prüfungsrecht zu?

4. Insbesondere wegen Art. 1 Abs. 3 und Art. 20 Abs. 3 GG hat der Bundespräsident neben dem formellen auch ein materielles Prüfungsrecht, allerdings begrenzt auf eindeutige bzw. evidente Verfassungsverletzungen.

7. Teil: Gesetzgebung – Verfassungsmäßigkeit eines Bundesgesetzes

Prüfungsschema als Leitlinie für die Klausur

1. Abschnitt: Prüfschema

Für die Prüfung der Verfassungsmäßigkeit eines Bundesgesetzes dient folgendes Prüfungsschema, das in zwei große Teile zerfällt: in die Prüfung der formellen und die Prüfung der materiellen Verfassungsmäßigkeit. Sie erkennen hier die **Prüfungsabfolge „formell – materiell"**, die im öffentlichen Recht eine große Rolle spielt und die bereits oben angesprochen wurde.

Prüfungsschema: Verfassungsmäßigkeit von Bundesgesetzen

A. Formelle Verfassungsmäßigkeit

I. Gesetzgebungszuständigkeit des Bundes

1. Ausschließliche Gesetzgebungszuständigkeit: Art. 73 Abs. 1 GG i.V.m. Art. 71 GG

2. Konkurrierende Gesetzgebungszuständigkeit: Art. 74 Abs. 1 GG i.V.m. Art. 72 GG

3. Gesetzgebungszuständigkeit aus anderen Vorschriften des GG (z.B. Art. 38 Abs. 3 GG … **Bundes**gesetz …)

4. Ungeschriebene Bundeskompetenz

II. Gesetzgebungsverfahren

1. Einleitungsverfahren

a) Gesetzesinitiative, Art. 76 Abs. 1 GG

b) Vorverfahren, Art. 76 Abs. 2, Abs. 3 GG

2. Hauptverfahren

a) Bundestag: wirksamer **Gesetzesbeschluss** nach Art. 77 Abs. 1 GG

b) Bundesrat: ordnungsgemäße **Mitwirkung**, Art. 77 Abs. 2 ff.

- Bei **Einspruchsgesetzen** (Normalfall): Zustimmung, keine Anrufung des Vermittlungsausschusses, kein Einspruch oder erfolgter Einspruch zurückgewiesen (Art. 77 Abs. 4 GG)
- Bei **Zustimmungsgesetzen** (enumerativ im GG aufgezählt): Zustimmung

3. Abschlussverfahren, Art. 82 GG

B. Materielle Verfassungsmäßigkeit

I. Spezielle Anforderungen (z.B. Art. 80 GG)

II. Beachtung Staatsstrukturprinzipien in Art. 20 Abs. 1–3 GG

III. Kein Verstoß gegen Grundrechte

2. Abschnitt: Formelle Verfassungsmäßigkeit

A. Gesetzgebungszuständigkeit des Bundes

Grundsätzlich sind die **Länder für die Gesetzgebung zuständig**, es sei denn, dass das Grundgesetz durch sogenannte **Kompetenztitel** „ausnahmsweise" dem Bund die Gesetzgebungszuständigkeit verleiht. Dies ergibt sich aus **Art. 70 Abs. 1 GG**.

Das Grundgesetz verleiht dem Bund in vielen Fällen Gesetzgebungskompetenzen, von denen er auch rege Gebrauch gemacht hat. Der im Grundgesetz angelegte Grundsatz der Länderzuständigkeit und die „Ausnahme" der Bundeszuständigkeit wurde so im Laufe der Zeit ins Gegenteil verkehrt.

I. Ausschließliche Gesetzgebungszuständigkeit

Nach der **Legaldefinition** des Art. 71 GG bedeutet ausschließliche Gesetzgebung, dass die darunter fallenden Materien dem Bundesgesetzgeber vorbehalten sind. Die Landesgesetzgeber sind nur zuständig, wenn und soweit ein Bundesgesetz ausdrücklich dazu ermächtigt, was in der Praxis bislang äußerst selten vorgekommen ist.

Welche Materien unter die ausschließliche Gesetzgebung fallen, ist insbesondere dem Katalog des Art. 73 Abs. 1 GG zu entnehmen. Dazu gehören etwa auswärtige Angelegenheiten, die militärische Verteidigung oder die Staatsangehörigkeit. Nach Art. 105 Abs. 1 GG hat der Bund aber auch die ausschließliche Gesetzgebung über die Zölle und Finanzmonopole.

II. Konkurrierende Gesetzgebung

Nach der **Legaldefinition** des Art. 72 Abs. 1 GG haben im Bereich der konkurrierenden Gesetzgebung die Länder die Befugnis zur Gesetzgebung, **solange und soweit** der Bund von seiner Gesetzgebungszuständigkeit nicht durch Gesetz „Gebrauch gemacht" hat.

Im Katalog **(Kompetenztitel)** des Art. 74 Abs. 1 GG finden sich die Gegenstände der konkurrierenden Gesetzgebung.

Für die Bejahung der Gesetzgebungszuständigkeit des Bundes im Bereich der konkurrierenden Zuständigkeit ist entscheidend, unter welchen Voraussetzungen der Bund von der Gesetzgebungszuständigkeit „Gebrauch machen" darf. Es ist hier zwischen Kernkompetenzen, Bedarfskompetenzen und Abweichungskompetenzen zu unterscheiden:

1. Kernkompetenzen sind dadurch gekennzeichnet, dass von Bundesgesetzen eine zeitliche und sachliche Sperrwirkung für die Landesgesetzgebung ausgeht (Art. 72 Abs. 1 GG). Die „Erforderlichkeitsprüfung" für eine bundesgesetzliche Regelung (dazu gleich mehr) wird hier dem Bundesgesetzgeber erlassen, sodass dieser, ohne weitere Voraussetzungen erfüllen zu müssen, im Bereich seiner Kernkompetenzen gesetzgeberisch tätig werden kann. Zu den Kernkompetenzen zählen alle **Kompetenztitel des Art. 74 Abs. 1, die nicht in Art. 72 Abs. 2 oder Abs. 3 GG genannt sind**. Der Unterschied zur ausschließlichen Gesetzgebung des Bundes liegt darin, dass diese den Ländern prinzipiell verschlossen ist, während auf den Gebieten der Kernkompetenzen die Länder gesetzgeberisch tätig werden können, wenn und soweit der Bund von seinem Gesetzgebungsrecht keinen Gebrauch gemacht hat.

Beispiele: BGB, StGB, GVG, ZPO (Art. 74 Abs. 1 Nr. 1 GG)

2. Die in Art. 72 Abs. 2 GG aufgezählten Kompetenztitel des Art. 74 Abs. 1 GG sind dagegen sogenannte **Bedarfskompetenzen** und setzen vor jedem Gebrauchmachen durch den Bundesgesetzgeber eine Prüfung voraus, ob „die Herstellung gleichwertiger Lebensverhältnisse im Bundesgebiet oder die Wahrung der Rechts- und Wirtschaftseinheit im gesamtstaatlichen Interesse eine bundesgesetzliche Regelung erforderlich macht".

Beispiele: AufenthaltsG (Art. 74 Abs. 1 Nr. 4 GG), StVG (Art. 74 Abs. 1 Nr. 22 GG)

3. Für bestimmte Bereiche der konkurrierenden Gesetzgebung haben die Länder schließlich durch Art. 72 Abs. 3 GG eine **Abweichungskompetenz** eingeräumt bekommen. An der Zuständigkeit des Bundes für diese Bereiche ändert das zunächst einmal nichts. Da durch die in Art. 72 Abs. 3 GG genannten Gesetzgebungsbereiche keine der in Art. 72 Abs. 2 GG genannten Bereiche berührt sind, kann der Bund hier sogar ohne Prüfung der Erforderlichkeit einer bundesgesetzlichen Regelung gesetzgeberisch tätig werden. Macht er allerdings von seinem Gesetzgebungsrecht Gebrauch, gilt bei Abweichungskompetenzen nicht die Sperrwirkung des Art. 72 Abs. 1 GG. Die Länder bleiben hier auch nach dem Gebrauchmachen des Bundes von seiner Gesetzgebungskompetenz zuständige Gesetzgeber. Insoweit kann man von einer Gesetzgebungskonkurrenz im Sinne einer echten (konkurrierenden) **Doppelzuständigkeit** sprechen.

Beispiele: Hochschulzulassung und Hochschulabschlüsse (Art. 72 Abs. 3 S. 1 Nr. 6, 74 Abs. 1 Nr. 33 GG)

III. Andere Regelungen im GG

Daneben finden sich in verschiedenen Artikeln des GG Kompetenzbegründungen für den Bund. Wenn z.B. nach Art. 38 Abs. 3 GG zur Wahl des Bundestages „das Nähere ein **Bundes**gesetz bestimmt", liegt die Gesetzgebungskompetenz für das Bundeswahlgesetz beim Bund.

Es finden sich (verteilt im GG) sowohl ausschließliche, als auch konkurrierende Gesetzgebungskompetenzen. Unter die **ausschließliche Gesetzgebung** des Bundes fallen alle diejenigen Materien, die nach den über das gesamte Grundgesetz verstreuten Bestimmungen **„durch Bundesgesetz näher zu regeln"** sind. Beispiele dafür sind Art. 21 Abs. 3 (Parteiengesetz), Art. 38 Abs. 3 (Bundeswahlgesetz, Abgeordnetengesetz), Art. 94 Abs. 2 S. 1 (Bundesverfassungsgerichtsgesetz). Eine **konkurrierende Gesetzgebungskompetenz** des Bundes ergibt sich z.B. aus Art. 84 Abs. 1 S. 2 GG, wonach **Bundes**gesetze die Einrichtung der Behörden und das Verwaltungsverfahren regeln können. Allerdings können die Länder abweichende Regelungen erlassen.

IV. Ungeschriebene Gesetzgebungskompetenzen

Schließlich gibt es nach h.M. noch sogenannte **ungeschriebene Gesetzgebungskompetenzen** des Bundes. Da Art. 70 Abs. 1 GG aber eine Zuständigkeitsverleihung durch „dieses Grundgesetz" verlangen, ist eine solche ungeschriebene Kompetenz nur ausnahmsweise anzunehmen.

Zu nennen ist hier beispielsweise die Zuständigkeit des Bundes kraft **„Natur der Sache"**, bei der eine Regelung begriffsnotwendig nur durch den Bund ergehen kann, z.B. die Änderung oder Ergänzung des GG. Zwar ist dies nicht ausdrücklich im Grundgesetz dem Bund zur Regelung überlassen, dennoch ist logisch, dass Derartiges nur durch den Bund geregelt werden kann.

V. Kompetenzen der Länder nach Art. 70 Abs. 1 GG

Den Ländern verbleiben viele Felder des gesetzgeberischen Tätigwerdens, so z.B. der Bereich der Gefahrenabwehr durch die Polizei oder durch die Ordnungs- bzw. Sicherheitsbehörden („Polizei – Kultur – Kommunales"), das Kommunalrecht, das Schulrecht. Des

Weiteren sind die Länder auch zuständig für die Gesetzgebung im Bereich des Strafvollzugs, des Versammlungsrechts, für Teile des „Rechts der Wirtschaft" wie insbesondere den Ladenschluss (vgl. Art. 74 Abs. 1 Nr. 11 GG) und für bestimmte Bereiche des Beamtenrechts (vgl. Art. 74 Abs. 1 Nr. 27 GG).

VI. Fortgeltung alten Rechts, Art. 125 a ff. GG

Insbesondere nach Art. 125 a Abs. 1 GG gelten heute noch Bundesgesetze fort, die vor der Föderalismusreform (01.09.2006) erlassen wurden, aber nach den heutigen Vorschriften nicht mehr als Bundesrecht erlassen werden könnten. Diese können aber durch Landesrecht ersetzt werden, Art. 125 a Abs. 1 S. 2 GG. Aus diesem Grunde gelten bestimmte Bundesgesetze in einigen Bundesländern fort, während andere Bundesländer bereits eigene Gesetze in diesem Bereich erlassen haben.

Beispiel: Während in NRW das VersG des Bundes weiterhin gilt, hat Bayern ein eigenes VersG erlassen, welches das VersG des Bundes abgelöst hat.

B. Ordnungsgemäßes Gesetzgebungsverfahren

Das Gesetzgebungsverfahren unterfällt in drei Abschnitte:

- Einleitungsverfahren
- Hauptverfahren
- Abschlussverfahren

I. Einleitungsverfahren

1. Gesetzesinitiative, Art. 76 Abs. 1 GG

Nach Art. 76 Abs. 1 GG können nur die **Bundesregierung**, der **Bundesrat** oder die **„Mitte des Bundestags"** eine Gesetzesinitiative ergreifen. In den §§ 75 ff. GO BT ist die Behandlung von Gesetzesvorlagen näher geregelt.

! *Beachten Sie jedoch Folgendes: **Verstöße gegen die GO BT** führen noch nicht zur Unwirksamkeit eines Gesetzes. Wird also gegen § 76 GO BT verstoßen, z.B. wenn weniger als 5% der Abgeordneten die Gesetzesvorlage tragen, so ist damit über die Wirksamkeit des dennoch (beratenen und) beschlossenen Gesetzes noch nichts entschieden.*

Warum ist das so?

Die GO BT ist nur auf der Grundlage des **Art. 40 Abs. 1 S. 2 GG** erlassenes Organisationsrecht des Bundestags **(Parlamentsinnenrecht)**. Außenwirkung (s.o. S. 60 f.) kommt ihr nicht zu. Für die Wirksamkeit eines Gesetzes kommt es (nur) auf die Vorschriften des GG an, wie auch Art. 82 Abs. 1 S. 1 GG belegt: Die „nach den Vorschriften **dieses Grundgesetzes** zustande gekommenen Gesetze" werden vom Bundespräsidenten ausgefertigt und verkündet.

GO BT im Gutachten berücksichtigen!

Klausurhinweis: *Gleichwohl ist in einem Gutachten zur formellen Verfassungsmäßigkeit eines Gesetzes auf die Geschäftsordnung einzugehen und bei einer Verletzung der GO BT die Unbeachtlichkeit des Verstoßes mit der oben genannten Begründung festzustellen.*

!

Differenzieren Sie zwischen bloßen Ordnungsvorschriften und zwingendem Verfassungsrecht!

Anschließend ist zu fragen, ob möglicherweise ein Verstoß gegen Vorschriften des **GG** gegeben ist. Kann ein solcher festgestellt werden, ist zu entscheiden, ob die verletzte Vorschrift des GG eine **bloße Ordnungsvorschrift** des GG darstellt, die etwa nur der Arbeitserleichterung des Parlaments dient, oder aber **zwingendes Verfassungsrecht** verletzt ist. Nur Letzteres führt zur Unwirksamkeit des Gesetzes. Zwingendes Verfassungsrecht ist dabei insbesondere dann anzunehmen, wenn die verletzte Vorschrift Rechte eines am Gesetzgebungsverfahren beteiligten Organs gewährleisten soll.

Beispiel: Nach Art. 76 Abs. 1 GG kann die Gesetzesinitiative „aus der Mitte des Bundestags" kommen. Zum Teil geht man davon aus, dass damit bewusst „dem Abgeordneten" als einzelner Person ein solches Initiativrecht nicht zugedacht wurde, also mehrere Abgeordnete ein Gesetz einbringen müssen. Die Initiative eines einzelnen Abgeordneten wäre damit ein Verstoß gegen Art. 76 Abs. 1 GG. Ein trotzdem erfolgter Gesetzesbeschluss des Bundestags wäre gleichwohl wirksam:

Der insoweit offensichtliche **Verstoß gegen § 76 Abs. 1 GO BT** wäre unbeachtlich, da es sich bei der Geschäftsordnung um bloßes **Parlamentsinnenrecht**.

Art. 76 Abs. 1 GG kann, wenn er mehr als nur einen Abgeordneten für eine wirksame Gesetzesinitiative verlangt, nur als **Ordnungsvorschrift** verstanden werden, die das Parlament vor völlig aussichtslosen Gesetzesinitiativen schützen soll. Gesetzgebungsrechte der beteiligten Organe sind durch die Befassung mit einer zusätzlichen Gesetzesinitiative nicht verletzt.

2. Vorverfahren, Art. 76 Abs. 2, Abs. 3 GG

Die Bundesregierung muss vor Einbringung der Initiative in den Bundestag nach Art. 76 Abs. 2 GG dem Bundesrat Gelegenheit zur Stellungnahme geben. Vorlagen des Bundesrats sind nach Art. 76

Abs. 3 GG über die Bundesregierung dem Bundestag zuzuleiten. Hier soll umgekehrt die Bundesregierung vor der Entscheidung des Parlaments ihre Auffassung darlegen können.

Warum ist das so?

Der sogenannte 1. Durchgang soll Einflussnahme in einem möglichst frühen Stadium des Gesetzgebungsverfahrens ermöglichen, insbesondere auch um das folgende Gesetzgebungsverfahren zu entlasten **(antizipierte Konfliktbewältigung)**.

Fraglich sind die **Konsequenzen von Verstößen** gegen Art. 76 Abs. 2 und Abs. 3 GG.

Wird der Bundesregierung vom Bundesrat keine Gelegenheit zur Stellungnahme eingeräumt, verliert sie jede Einflussnahme auf das Gesetzgebungsverfahren. Die Beteiligung der Bundesregierung nach Art. 76 Abs. 3 GG ist danach wohl als **zwingendes Verfassungsrecht** zu verstehen.

Hinsichtlich der Beteiligung des Bundesrats nach Art. 76 Abs. 2 GG ist immerhin in Rechnung zu stellen, dass der Bundesrat im weiteren Verlauf des Gesetzgebungsverfahrens sogar über die „beratende Stellungnahme" hinaus noch auf das Gesetz Einfluss nehmen kann. **Zum Teil** wird mit dieser Begründung Art. 76 Abs. 2 GG nur der Charakter einer **Ordnungsvorschrift** beigemessen. Gesetzgebungsrechte gehen dem Bundesrat nicht verloren.

Vertretbar erscheint aber auch, der **Beteiligung im 1. Durchgang eine eigenständige Bedeutung beizumessen**, da die Beteiligung in einem frühen Stadium des Gesetzgebungsverfahrens zumindest tatsächlich eine leichtere Einflussnahme auf das Gesetz ermöglicht.

II. Hauptverfahren

1. Wirksamer Gesetzesbeschluss, Art. 77 Abs. 1 oder Art. 77 Abs. 2 S. 5 GG

Die Bundesgesetze werden nach **Art. 77 Abs. 1 S. 1 GG** vom Bundestag beschlossen. Wird im weiteren Verfahren eine Änderung des Gesetzesbeschlusses durch den Vermittlungsausschuss vorgeschlagen, so ist ein erneuter Beschluss über den Änderungsvorschlag nach **Art. 77 Abs. 2 S. 5 GG** erforderlich.

Die Mehrheit der abgegebenen Stimmen ist für den Gesetzesbeschluss in der Regel ausreichend, Art. 42 Abs. 2 S. 1 GG. Verfassungsändernde Gesetze bedürfen der Zustimmung von zwei Dritteln der Mitglieder des Bundestags, Art. 42 Abs. 2 S. 1, letzter Hs. i.V.m. Art. 79 Abs. 2 GG.

Des Weiteren folgt aus dem **Demokratieprinzip** und aus Art. 42 Abs. 1 S. 1 GG (der Bundestag „verhandelt"), dass das **Gesetz**, das erlassen werden soll, **beraten** werden muss. Ein Gesetzesentwurf kann nicht einfach undiskutiert beschlossen werden. Die Möglichkeit der Anbringung von Verbesserungsvorschlägen – insbesondere durch die Opposition – muss in einer Demokratie bestehen. Demokratie wird auch umschrieben als Chance der Minderheit, zur Mehrheit werden zu können.

Die **§§ 78–86 GO BT** sehen **drei Beratungen** (sogenannte „Lesungen") vor. Hier gilt zwar auch, dass ein Verstoß gegen die GO BT-Regelungen grundsätzlich unbeachtlich ist. Es müssen nicht unbedingt drei Beratungen stattfinden. Aber eine ausreichende Beratung muss gewährleistet sein.

Art. 77 Abs. 1 S. 2 GG sieht vor, dass das beschlossene Gesetz **unverzüglich dem Bundesrat zuzuleiten** ist. Die h.M. sieht – wenn dem Bundesrat das Gesetz letztendlich zugeleitet wurde – Verstöße gegen Art. 77 Abs. 1 S. 2 GG (etwa wegen Verzögerungen) als unbeachtlich an. Sie versteht Art. 77 Abs. 1 S. 2 GG in diesem Fall nur als **Ordnungsvorschrift**, da die Beteiligung des Bundesrats in diesem Fall – wenn auch nach Verzögerung – gewährleistet ist.

2. Mitwirkung des Bundesrats, Art. 77 Abs. 2–4 GG

Diese Vorschriften sind **zwingende Verfahrensvorschriften**, da die Beteiligung des Bundesrats an der Gesetzgebung unbedingt zu gewährleisten ist! Verstöße gegen diese Vorschriften führen nach allgemeiner Ansicht zur formellen Verfassungswidrigkeit, auch wegen Art. 20 Abs. 1 GG (Bundesstaat, vertikale Gewaltenteilung).

Die Art der Mitwirkung richtet sich nach der Art des Gesetzes

Der Bundesrat hat bei der Gesetzgebung ein **Mitwirkungsrecht**. Er kann, je nach Art des Gesetzes, unterschiedlich hohen Einfluss auf das Zustandekommen des Gesetzes nehmen. Für die Frage, wie der Bundesrat zu beteiligen ist, ist also die Art des Gesetzes entscheidend. Hierbei ist abzugrenzen zwischen Einspruchsgesetzen (Grundsatz) und Zustimmungsgesetzen (Ausnahmefall). **Zustimmungsgesetze** sind nur diejenigen Gesetze, die das Grundgesetz explizit als solche kennzeichnet **(Enumerationsprinzip)**, etwa mit der Formulierung „Bundesgesetz, das der Zustimmung des Bundesrats bedarf".

Beispiele: Art. 23 Abs. 1 S. 2, 74 Abs. 2, 79 Abs. 2, 85 Abs. 1 S. 1 Hs. 2 GG

Soweit **nichts Besonderes geregelt** ist, ist das Gesetz ein Gesetz, zu dem die Zustimmung des Bundesrats nicht erforderlich ist (vgl. Art. 77 Abs. 3 GG). Man bezeichnet diese Gesetze als **Einspruchsgesetze**.

!

Merken Sie sich: *Bei der Prüfung der Mitwirkungshandlungen des Bundesrats immer zunächst klären, ob ein Zustimmungs- oder Einspruchsgesetz vorliegt!*

Mitwirkung bei Einspruchsgesetzen

Bei Einspruchsgesetzen ist für den Bundesrat die Möglichkeit der Einflussnahme geringer. Der Bundesrat kann – wie immer – den **Vermittlungsausschuss** gemäß Art. 77 Abs. 2 GG anrufen. **Anschließend (!)** kann er nur noch gemäß Art. 77 Abs. 3 GG **Einspruch** einlegen.

- Einfach ist der Fall, in dem der Bundesrat **keinen Einspruch** einlegt, denn dann kommt das Bundesgesetz gemäß Art. 78 Fall 3 GG ohne Weiteres zustande. Dies gilt natürlich erst recht, wenn er dem Einspruchsgesetz sogar zustimmt; Art. 78 Fall 1 GG.
- Ruft der Bundesrat den **Vermittlungsausschuss** an, so kann er darauf hoffen, dass dieser Änderungsvorschläge unterbreitet und der **Bundestag** bei seiner Entscheidung über diesen Änderungsvorschlag für die Änderung votiert (Beschluss nach Art. 77 Abs. 2 S. 5 GG). Der Bundestag kann Änderungen aber auch ablehnen.
- „... wenn das Verfahren nach Absatz 2 beendigt ist, ...“, gemeint ist damit in Art. 77 Abs. 3 S. 1 GG, **wenn das Vermittlungsverfahren beendet ist** (vorher nicht!), kann der Bundesrat **Einspruch** einlegen. Der Einspruch **kann** aber vom **Bundestag** gemäß Art. 77 Abs. 4 GG **zurückgewiesen werden**. Beachten Sie die unterschiedlichen Mehrheiten, die dazu nach S. 1 und S. 2 erforderlich sein können. Mit der Zurückweisung durch den Bundestag ist „die Blockade des Bundesrats“ aufgelöst. Das Gesetz kommt gemäß Art. 78 GG zustande.

Mitwirkung bei Zustimmungsgesetzen

Bei Zustimmungsgesetzen hat der Bundesrat hingegen ein echtes **Vetorecht** und kann somit größeren Einfluss nehmen. Wenn der Bundesrat zustimmt, kommt das Bundesgesetz gemäß Art. 78 Fall 1 GG zustande. Bleibt die Zustimmung – auch nach eventueller Einschaltung des Vermittlungsausschusses – aus, kommt das Bundesgesetz letztlich nicht zustande.

Warum ist das so?

Bei vielen Gesetzen, die in die **Kompetenz des Bundes** fallen, sind **gleichwohl auch Länderinteressen berührt**. Wenn solche Interessen in hohem Maße betroffen sind, stellt das Grundgesetz das Erfordernis der Zustimmung des Bundesrats auf, um dem Bundesrat – der die Länderinteressen vertreten soll – eine entsprechend große Möglichkeit der Einflussnahme zu geben.

Beispiel: Ein BeamtStG des Bundes (Art. 74 Abs. 1 Nr. 27 GG) ist ein Zustimmungsgesetz (Art. 74 Abs. 2 GG), da es ausschließlich Rechte und Pflichten der **Landes**-/**Kommunal**beamten regelt und damit fast ausschließlich Länderinteressen berührt.

Aber auch im Fall des Einspruchsgesetzes kann der Bundesrat die Länderinteressen deutlich machen, wenn auch in geringerem Maße.

Bitte vergessen Sie aber nicht: Zustimmungsgesetze sind im GG abschließend aufgezählt. Es verbietet sich jede Ergänzung aufgrund eigener Wertung.

Beschlussfassung im Bundesrat

!

Klausurhinweis: *Wird im Bundesrat über Einspruch bzw. Zustimmung Beschluss gefasst, so gelten die allgemeinen Regeln über die Beschlussfassung im Bundesrat (Art. 52 Abs. 3 GG), insbesondere gilt auch das Gebot der einheitlichen Stimmabgabe gemäß Art. 51 Abs. 3 S. 2 GG. Hier lässt sich das oben (S. 81) angesprochene Problem in der Klausur einbauen!*

III. Abschlussverfahren

Für die formelle Verfassungsmäßigkeit ist schließlich noch **Art. 82 GG** zu beachten: Das Gesetz muss ausgefertigt und verkündet werden (Art. 82 Abs. 1 GG) und tritt dann gemäß Art. 82 Abs. 2 GG in Kraft.

- **Ausfertigung:** Der Bundespräsident nimmt die Ausfertigung des „nach den Vorschriften dieses Grundgesetzes zustande gekommenen" Gesetzes nach Art. 82 Abs. 1 S. 1 GG vor. Das bedeutet, dass der Bundespräsident die **Originalurkunde** des Gesetzes nach Gegenzeichnung durch den Bundeskanzler oder den zuständigen Bundesministern (Art. 58 GG) **unterschreibt**.

  !

  Klausurhinweis: *Hier kann Ihnen das besprochene Problem zur Prüfungskompetenz des Bundespräsidenten begegnen. Sie erinnern sich: Formelles Prüfungsrecht ja, materielles Prüfungsrecht nur hinsichtlich evidenter Verstöße (s.o. S. 89 f.).*

- **Verkündung:** Des Weiteren ist in Art. 82 Abs. 1 S. 1 GG die Verkündung des Gesetzes geregelt. Meist wird der Bürger durch die Tagespresse auf den Erlass eines Gesetzes aufmerksam. Verbindlich ist aber allein die Verkündung **im Bundesgesetzblatt**. Diese Form der Bekanntgabe ist einzuhalten, im Interesse der Rechtssicherheit ist dies geboten. Der Bürger muss eine verlässliche Quelle der Kenntnisnahme von den für ihn verbindlichen Vorschriften haben. (Für die Prüfung der formellen Rechtmäßigkeit können Sie sich auch die Schlagworte Zuständigkeit – Verfahren – Form merken, hier sehen Sie das dritte Element, die Notwendigkeit der Einhaltung einer bestimmten Form.)

- **Inkrafttreten:** Das **Gesetz „soll"** gemäß Art. 82 Abs. 2 S. 1 GG den Tag des Inkrafttretens **bestimmen**. Das bedeutet, dass dieser Tag nicht unbedingt festgelegt werden muss, wie auch Art. 82 Abs. 2 S. 2 GG deutlich macht. Wird der Tag des Inkrafttretens nicht bestimmt, so tritt das Gesetz mit dem **vierzehnten Tag nach Ablauf des Tages in Kraft, an dem das Bundesgesetzblatt** (das das verkündete Gesetz enthält) **ausgegeben worden ist**.

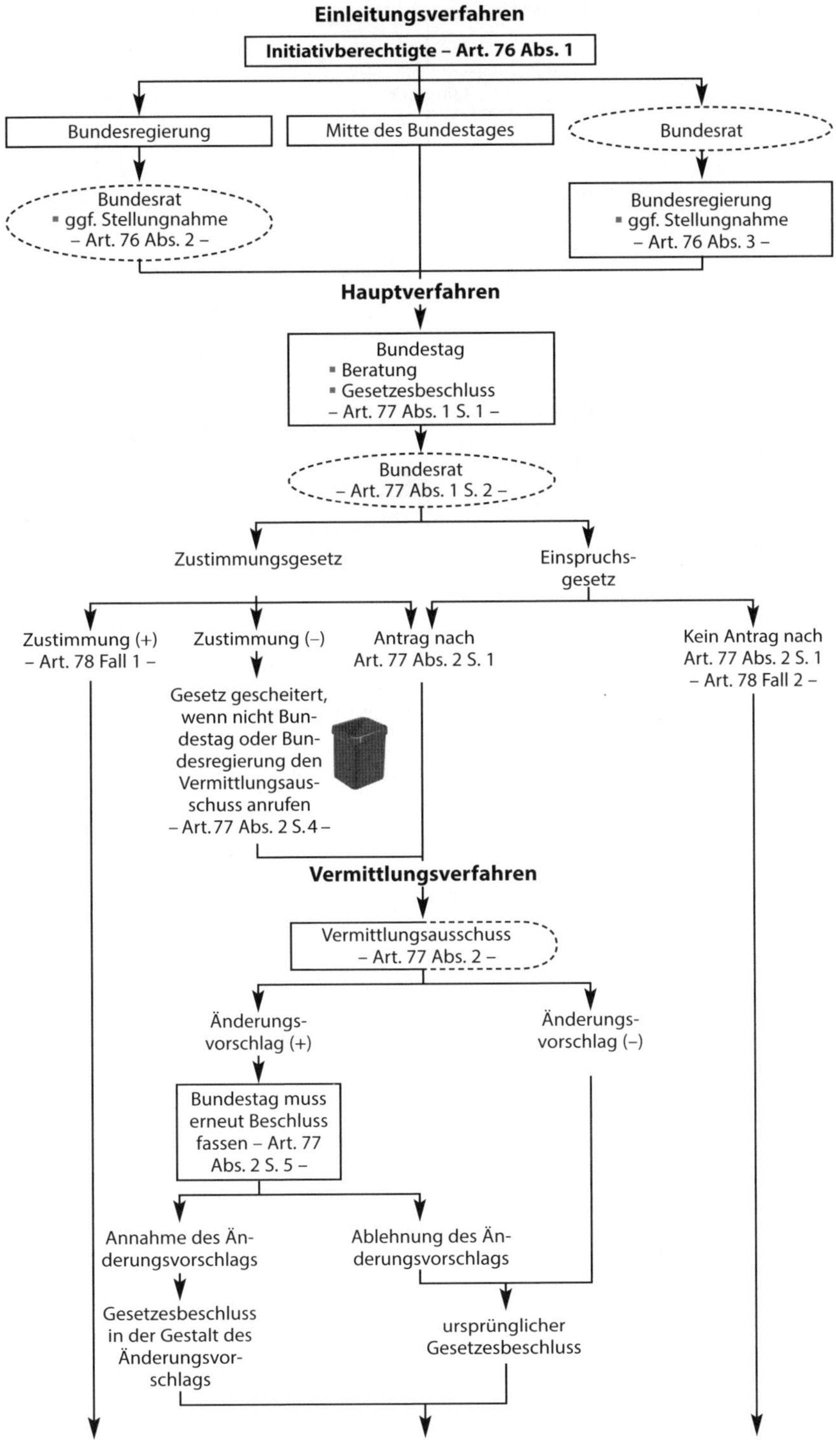
Einleitungsverfahren
Initiativberechtigte – Art. 76 Abs. 1
Bundesregierung
Mitte des Bundestages
Bundesrat
Bundesrat
▪ ggf. Stellungnahme
– Art. 76 Abs. 2 –
Bundesregierung
▪ ggf. Stellungnahme
– Art. 76 Abs. 3 –
Hauptverfahren
Bundestag
▪ Beratung
▪ Gesetzesbeschluss
– Art. 77 Abs. 1 S. 1 –
Bundesrat
– Art. 77 Abs. 1 S. 2 –
Zustimmungsgesetz
Einspruchsgesetz
Zustimmung (+)
– Art. 78 Fall 1 –
Zustimmung (–)
Antrag nach Art. 77 Abs. 2 S. 1
Kein Antrag nach Art. 77 Abs. 2 S. 1
– Art. 78 Fall 2 –
Gesetz gescheitert, wenn nicht Bundestag oder Bundesregierung den Vermittlungsausschuss anrufen
– Art. 77 Abs. 2 S. 4 –
Vermittlungsverfahren
Vermittlungsausschuss
– Art. 77 Abs. 2 –
Änderungsvorschlag (+)
Änderungsvorschlag (–)
Bundestag muss erneut Beschluss fassen – Art. 77 Abs. 2 S. 5 –
Annahme des Änderungsvorschlags
Ablehnung des Änderungsvorschlags
Gesetzesbeschluss in der Gestalt des Änderungsvorschlags
ursprünglicher Gesetzesbeschluss

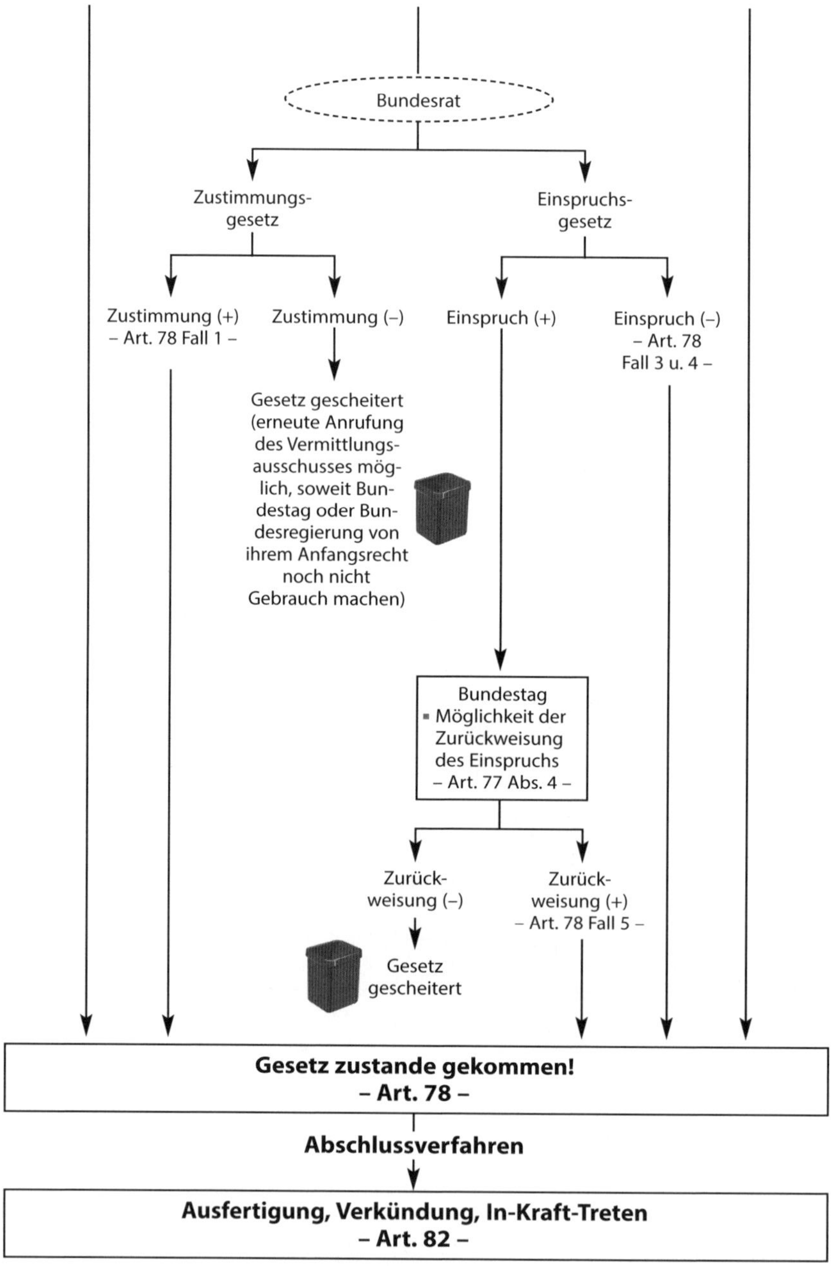
Bundesrat
Zustimmungs-
gesetz
Einspruchs-
gesetz
Zustimmung (+)
– Art. 78 Fall 1 –
Zustimmung (–)
Einspruch (+)
Einspruch (–)
– Art. 78
Fall 3 u. 4 –
Gesetz gescheitert (erneute Anrufung des Vermittlungsausschusses möglich, soweit Bundestag oder Bundesregierung von ihrem Anfangsrecht noch nicht Gebrauch machen)
Bundestag
▪ Möglichkeit der Zurückweisung des Einspruchs
– Art. 77 Abs. 4 –
Zurück-
weisung (–)
Zurück-
weisung (+)
– Art. 78 Fall 5 –
Gesetz
gescheitert
Gesetz zustande gekommen!
– Art. 78 –
Abschlussverfahren
Ausfertigung, Verkündung, In-Kraft-Treten
– Art. 82 –

3. Abschnitt: Materielle Verfassungsmäßigkeit

Ist das Gesetz formell verfassungsgemäß, so ist weiter zu untersuchen, ob das Gesetz nicht materiell gegen höherrangiges Recht verstößt.

A. Spezielle Anforderungen des GG

Zunächst sind bei bestimmten Gesetzen **spezielle Anforderungen** zu beachten. Bei Gesetzen, die Ermächtigungen für RechtsVOen enthalten, ist Art. 80 Abs. 1 GG zu beachten, bei verfassungsändernden Gesetzen vor allem Art. 79 Abs. 3 GG.

- **Art. 79 GG** bestimmt für Verfassungsänderungen in **Abs. 3** auch materielle Änderungsschranken. Art. 79 Abs. 3 GG – die **Ewigkeitsgarantie** – wurde bereits angesprochen.

  Hinweis: *Die besonderen formellen Voraussetzungen für* ***verfassungsändernde Gesetze*** *wurden aus Gründen der Übersicht oben nur gelegentlich erwähnt. Der* ***Prüfungsaufbau ist derselbe****: Art. 79 Abs. 2 GG (insbesondere das Erfordernis anderer Mehrheiten im Bundestag und im Bundesrat) ist bei der Prüfung an entsprechender Stelle zu berücksichtigen. Art. 79 Abs. 1 GG (keine Verfassungsänderung ohne Verfassungstextänderung) ist als Prüfungspunkt zu ergänzen.* !

- Der bereits angesprochene **Art. 80 Abs. 1 S. 1 GG** erlaubt es der Legislative, die Exekutive zur Regelung bestimmter Bereiche durch Rechtsverordnung zu ermächtigen. Dabei darf aber keine Blankoermächtigung erteilt werden, sondern die Exekutive muss durch ein formelles Gesetz ermächtigt werden, das **Inhalt**, **Zweck** und **Ausmaß** der Ermächtigung bestimmt (**Bestimmtheitstrias**, Art. 80 Abs. 1 S. 2 GG).

B. Anforderungen des Art. 20 GG

Des Weiteren muss das Gesetz mit den Grundsätzen des **Art. 20 GG** vereinbar sein, d.h. die Staatsstrukturprinzipien und Staatszielbestimmungen sind zu beachten.

Klausurrelevant ist insbesondere das **Rechtsstaatsprinzip** und die damit zusammenhängenden **Fallgruppen**. Zum Beispiel ist hier an den Vertrauensschutz (Problem der Rückwirkung von Gesetzen) zu denken.

C. Vereinbarkeit mit Grundrechten

Schließlich ist die Vereinbarkeit des Gesetzes mit den **Grundrechten** zu untersuchen. Hierbei ist die Prüfungsreihenfolge bei Grundrechten zu beachten. Bei Freiheitsgrundrechten ist zu prüfen, ob das Gesetz in den Schutzbereich eines Grundrechts eingreift und ob dieser Eingriff verfassungsrechtlich gerechtfertigt ist. Ist dies nicht der Fall, so ist das Gesetz materiell verfassungswidrig (vgl. im Einzelnen AS-Basiswissen Grundrechte).

1. Welche beiden Vorschriften sind bei der Prüfung von Gesetzgebungszuständigkeiten des Bundes regelmäßig zu beachten? Bitte nennen Sie Beispiele.

1. Zu beachten und zu unterscheiden sind Kompetenztitel (z.B. Art. 73 Abs. 1 GG) und Rechtsfolgennormen (z.B. Art. 71 GG).

2. Was sind Kompetenztitel für die ausschließliche Gesetzgebungszuständigkeit des Bundes?

2. Art. 73 Abs. 1 GG sowie Vorschriften im GG mit der Formulierung „das Nähere regelt ein Bundesgesetz" (wie z.B. Art. 21 Abs. 3 oder Art. 38 Abs. 3 GG).

3. Unter welchen Voraussetzungen darf der Bund von seiner Gesetzgebungszuständigkeit „Gebrauch machen" i.S.v. Art. 72 Abs. 1 GG?

3. Die Voraussetzungen hängen davon ab, ob es sich um Kernkompetenzen oder um Bedarfskompetenzen handelt.

Bedarfskompetenzen sind alle Kompetenztitel des Art. 74 Abs. 1 GG, die in Art. 72 Abs. 2 GG aufgeführt sind. Von diesen Kompetenzen darf der Bund nur Gebrauch machen bei besonderem Bedarf, genauer: wenn die Herstellung gleichwertiger Lebensverhältnisse im Bundesgebiet oder die Wahrung der Rechts- und Wirtschaftseinheit im gesamtstaatlichen Interesse eine bundesgesetzliche Regelung erforderlich macht.

Kernkompetenzen sind alle Kompetenztitel des Art. 74 Abs. 1 GG, die nicht in Art. 72 Abs. 2 oder Art. 72 Abs. 3 GG genannt sind. Von diesen Kompetenzen darf der Bund Gebrauch machen, ohne die strengen Voraussetzungen von Art. 72 Abs. 2 GG beachten zu müssen.

4. In welche Teile zerfällt das Gesetzgebungsverfahren auf Bundesebene?

4. Einleitungsverfahren – Hauptverfahren – Abschlussverfahren

5. Wonach richtet sich die Mitwirkung des Bundesrates?

5. Die ordnungsgemäße Mitwirkung des Bundesrates hängt davon ab, ob ein Einspruchsgesetz vorliegt (Regelfall) oder ob ausnahmsweise ein Zustimmungsgesetz vorliegt.

6. Wo ist im GG abschließend geregelt, wann ein Einspruchsgesetz oder ein Zustimmungsgesetz unter ordnungsgemäßer Mitwirkung des Bundesrates zustande gekommen ist?

6. Zustimmungsgesetze kommen nur dann zustande, wenn der Bundesrat ausdrücklich zustimmt; vgl. Art. 78 Fall 1 GG.

Für Einspruchsgesetze gibt es verschiedene Möglichkeiten gemäß Art. 78 Fall 2–5 GG.

7. Kann der Bundesrat bei einem Einspruchsgesetz sofort nach Zuleitung Einspruch gegen dieses Gesetz einlegen?

7. Nein. Wegen Art. 77 Abs. 3 GG ist ein Einspruch erst nach erfolgloser Anrufung des Vermittlungsausschusses gemäß Art. 77 Abs. 2 GG möglich.

8. Teil: Verwaltung – Ausführung von Bundesgesetzen durch Bund und Länder

1. Abschnitt: Überblick

A. Verwaltungskompetenz; gesetzesakzessorische und nichtgesetzesakzessorische Verwaltung

Verwaltungskompetenz bedeutet die Zuständigkeit, als Verwaltungsträger (z.B. Bund oder Land) hoheitlich nach außen hin tätig werden zu können.

Bei der **gesetzesakzessorischen Verwaltung** geht es um die Anwendung von Bundes- und Landesgesetzen gegenüber dem Bürger. Sofern es um sonstige hoheitliche Betätigungen geht (z.B. Tätigkeit des Auswärtigen Dienstes, Einsatz der Bundeswehr, Gewährung von Entwicklungshilfe durch das Ministerium für wirtschaftliche Zusammenarbeit), spricht man von **nichtgesetzesakzessorischer Verwaltung**.

B. Gesetzgebungskompetenz und Verwaltungskompetenz

Die Zuweisung der **Gesetzgebungskompetenz** für ein bestimmtes Sachgebiet an den Bund bedeutet nicht, dass der Bund auch die Kompetenz zur **Ausführung des Gesetzes** hat. Vielmehr gilt gemäß Art. 83 GG auch hier zunächst eine **Zuständigkeitsvermutung für die Länder** (wie in Art. 30, 70 GG). Nur ausnahmsweise hat der Bund neben der Gesetzgebungs- auch die Verwaltungskompetenz, soweit dies in den Art. 83 ff. GG ausdrücklich angeordnet ist.

C. Die Verwaltungstypen nach dem GG (Überblick)

Das Grundgesetz regelt nur die Ausführung der **Bundesgesetze** und die Bundesverwaltung. Der Vollzug von Landesgesetzen (sogenannte landeseigene Verwaltung) fällt wegen Art. 30 GG selbstverständlich in die alleinige Kompetenz der Länder. Wie bei den Gesetzgebungskompetenzen (ausschließliche, konkurrierende usw.) unterscheidet das GG auch bei der Ausführung der Bundesgesetze **verschiedene Formen**. Von der Zuordnung zu einem der **Verwaltungstypen** hängt ab, welche Befugnisse der Bund gegenüber den Ländern im Einzelnen hat (insbesondere Weisungs- und Aufsichtsrechte). Hierbei gilt ein **numerus clausus** folgender Verwaltungstypen:

- Ausführung durch die Länder als **eigene Angelegenheit** (Art. 83, 84 GG, Bundesaufsichtsverwaltung),
- Ausführung durch die Länder **im Auftrage des Bundes** (Art. 85 GG, Bundesauftragsverwaltung),
- **Bundeseigene Verwaltung** (Art. 86 ff. GG),
- **Gemeinschaftsaufgaben, Verwaltungszusammenarbeit** nach Art. 91a–e GG.

Daneben werden vereinzelt auch **ungeschriebene Verwaltungskompetenzen** anerkannt.

2. Abschnitt: Ausführung von Bundesgesetzen durch die Länder als eigene Angelegenheit (Bundesaufsichtsverwaltung)

A. Art. 84 Abs. 1 GG

Im Normalfall werden Bundesgesetze von den Ländern als eigene Angelegenheit ausgeführt (Art. 83 GG). Die Länder regeln dann grundsätzlich die Einrichtung der Behörden und das Verwaltungsverfahren (Art. 84 Abs. 1 S. 1 GG) und entscheiden, ob das BundesG im Wege der unmittelbaren oder mittelbaren Landesverwaltung ausgeführt wird. Ein Bundesgesetz kann etwas anderes bestimmen, wobei die Länder die Möglichkeit haben, davon abweichende Regelungen zu treffen (Art. 84 Abs. 1 S. 2 GG).

Beispiele: PassG, PersonalausweisG durch Einwohnermeldeamt, StVG, StVO, etc. durch Straßenverkehrsamt bzw. Straßenverkehrsbehörden

Gemäß **Art. 84 Abs. 1 S. 7 GG** dürfen Gemeinden und Gemeindeverbänden Aufgaben nicht übertragen werden (ähnlich **Art. 85 Abs. 1 S. 2 GG**).

Das geplante Verbraucher-InformationsG des Bundes war formell verfassungswidrig wegen Verstoßes gegen Art. 84 Abs. 1 S. 7 GG, sodass der Bundespräsident zu Recht die Ausfertigung dieses Gesetzes verweigert hat.

B. Art. 84 Abs. 2–5 GG

Die **Befugnisse des Bundes** gegenüber den Ländern richten sich in diesem Bereich nach Art. 84 Abs. 2–5 GG:

- Nach Art. 84 Abs. 3 GG übt die Bundesregierung „die Aufsicht darüber aus, dass die Länder die Bundesgesetze dem geltenden Rechte gemäß ausführen" **(Rechtsaufsicht)**.

Die Beurteilung der Zweckmäßigkeit ist dagegen ausschließlich Sache der Landesbehörden.

! ***Beachte:*** *Die Frage der Zweckmäßigkeit wird nur in den seltenen Fällen relevant, in denen mehrere rechtmäßige Handlungsalternativen bestehen.*

- Die Bundesregierung kann den Beschluss fassen, dass bei der Ausführung der Bundesgesetze in einem Land Mängel festgestellt worden sind und dass das Land verpflichtet ist, den Mangel abzustellen (sogenannte **staatsrechtliche Mängelrüge**), Art. 84 Abs. 4 GG. Hilft das Land dem Mangel nicht ab, so beschließt der **Bundesrat** darüber, ob das Land das Recht verletzt hat. Gegen diesen Beschluss kann das BVerfG angerufen werden (Art. 84 Abs. 4 S. 2 i.V.m. Art. 93 Abs. 1 Nr. 3 GG).
- **Einzelweisungen** durch die Bundesregierung sind in diesem Bereich nur zulässig, wenn ein Bundesgesetz mit Zustimmung des Bundesrates dies ausdrücklich bestimmt (Art. 84 Abs. 5 GG). Eines der wenigen Beispiele dafür enthält § 74 Abs. 2 AufenthG, nach dem die Bundesregierung im Aufenthaltsrecht Einzelweisungen erteilen darf, wenn (z.B.) die Sicherheit der Bundesrepublik Deutschland oder sonstige erhebliche Interessen der Bundesrepublik Deutschland es erfordern.

3. Abschnitt: Ausführung von Bundesgesetzen durch die Länder im Auftrage des Bundes (Bundesauftragsverwaltung)

A. Einführung

Bei der Auftragsverwaltung (Art. 85 GG) ist es üblich, von **Bundes**auftragsverwaltung zu sprechen. Es handelt sich der Sache nach aber nicht um Bundesverwaltung, sondern um **Landesverwaltung**, die Bundesgesetze ausführt. Die handelnden Behörden sind solche der Länder, werden also nicht etwa als Bundesorgane tätig.

Jedoch sind die Einwirkungsbefugnisse des Bundes hierbei erheblich umfangreicher als im Rahmen des Art. 84 GG. Im Grunde handelt es sich um eine Ausführung von Bundesgesetzen durch landeseigene Verwaltung unter Fachaufsicht des Bundes.

Zu unterscheiden sind obligatorische und fakultative Auftragsverwaltung.

- Bei der **obligatorischen** Auftragsverwaltung schreibt die Grundgesetznorm selbst zwingend vor, dass eine bestimmte Verwaltungsaufgabe im Auftrage des Bundes wahrgenommen werden muss (z.B. Art. 90 Abs. 3 GG, BFStrG).

- Bei der **fakultativen** Auftragsverwaltung überlässt es das Grundgesetz dem einfachen Gesetzgeber, ob er für eine bestimmte Verwaltungsaufgabe die Auftragsverwaltung anordnet oder nicht (z.B. § 24 AtomG für Art. 87c GG).

B. Weisungsrecht und Fachaufsicht nach Art. 85 Abs. 3, Abs. 4 GG

I. Rechtsgrundlage für Weisungen

1. Die wichtigsten Fälle der **Bundesauftragsverwaltung** sind:

- Verwaltung der Bundesautobahnen und sonstigen **Bundesfernstraßen** (Art. 90 Abs. 3 GG),

- Aufgaben der **Kernenergie** (Art. 87c GG i.V.m. § 24 Abs. 1 AtomG).

Beispiel: A betreibt ein Atomkraftwerk in S, obwohl er aufgrund rechtmäßiger Vorgaben in den einschlägigen Gesetzen zur Abschaltung verpflichtet ist. Als entsprechende Aufforderungen des zuständigen Bundesministeriums erfolglos bleiben, erlässt dieses eine Weisung an das zuständige Landesministerium, dafür zu sorgen, dass das AKW des A unverzüglich abgeschaltet wird.

2. Bei der Auftragsverwaltung richten sich die **Aufsichtsrechte** nach Art. 85 Abs. 3 und 4 GG.

a) Nach Art. 85 Abs. 3 GG unterstehen die Landesbehörden den **Weisungen** der zuständigen obersten Bundesbehörden. Die Weisungen sind grundsätzlich an die obersten Landesbehörden zu richten (Ausnahme Art. 85 Abs. 3 S. 2 GG).

b) Die Bundesaufsicht – und damit auch das Weisungsrecht – erstreckt sich gemäß Art. 85 Abs. 4 GG auf die **Gesetzmäßigkeit und Zweckmäßigkeit** der Ausführung **(Fachaufsicht)**.

II. Voraussetzungen einer Weisung

1. Zuständig ist nach Art. 85 Abs. 3 S. 1 GG die oberste Bundesbehörde, also in der Regel ein Bundesministerium. **Adressat** ist die oberste Landesbehörde und damit das zuständige Landesministerium (Art. 85 Abs. 3 S. 2 GG).

2. Verfahrensrechtlich enthält Art. 85 GG zwar keine besonderen Voraussetzungen, jedoch folgt aus dem Grundsatz des **bundesfreundlichen Verhaltens** und dem Prinzip des kooperativen Föderalismus (oben S. 35 f.) eine Pflicht zur **gegenseitigen Rücksichtnahme**, insbesondere zur vorherigen Anhörung des Landes.

3. Auch das **Gebot der Weisungsklarheit bzw. Bestimmtheit** ist zu beachten.

4. Materielle Voraussetzungen sind in Art. 85 Abs. 3 GG nicht genannt.

a) Da die Aufsicht des Bundes sich auf die **Gesetzmäßigkeit** (s.o. S. 113) **und Zweckmäßigkeit** der Gesetzesausführung erstreckt, untersteht das Land – anders als im Rahmen des Art. 84 GG – einem **umfassenden Weisungsrecht** des Bundes. Das Land hat in diesem Bereich nur eine eingeschränkte Verwaltungskompetenz, und zwar nur die sogenannte **Wahrnehmungszuständigkeit**, d.h. das Handeln und die Vertretung nach außen. Für die Beurteilung und Entscheidung in der Sache hingegen (die sog. **Sachkompetenz**) gilt das nicht. Zwar steht auch diese Kompetenz zunächst dem Land zu. Der Bund kann sie jedoch aufgrund seines Weisungsrechts jederzeit und **in vollem Umfang** an sich ziehen, ohne dass dies einer besonderen Rechtfertigung bedarf.

b) Eingeschränkt wird das Weisungsrecht allerdings durch das **Gebot bundesfreundlichen Verhaltens** (s.o. S. 35 f.). Allein die Inanspruchnahme einer durch das GG eingeräumten Kompetenz (hier Art. 85 Abs. 3 u. 4 GG) kann aber grundsätzlich nicht gegen die sich daraus ergebenden Pflichten verstoßen.

Verfassungswidrig ist es nur, wenn die **Weisung missbräuchlich** erfolgt. Das wäre z.B. anzunehmen, wenn das Land zu einem schlechthin unverantwortbaren Verwaltungshandeln veranlasst werden soll (z.B. offenkundige Verletzung von Grundrechten).

Eine Weisung ist nach Auffassung des BVerfG auch dann (materiell) verfassungswidrig, wenn in der **Begründung** der Weisung keine **Abwägung mit den Landesinteressen** stattgefunden hat.

Schließlich kann eine Weisung auch dann (materiell) verfassungswidrig sein, wenn der Bund für den Inhalt der Weisung nicht einmal die **Gesetzgebungskompetenz** hat.

Ausführung der Bundesgesetze durch die Länder als eigene Angelegenheit, Art. 83, 84 GG	Ausführung der Bundesgesetze durch die Länder im Auftrage des Bundes, Art. 85 GG
▪ Normalfall (Art. 83, 84 GG), subsidiär ggü. Spezialregelungen in Art. 85 ff. GG ▪ Verwaltung obliegt den Ländern (insbesondere Erlass von VAen) ▪ Rechtsaufsicht des Bundes, Art. 84 Abs. 3 GG staatsrechtliche Mangelrüge durch BRat (Art. 84 Abs. 4 S. 1 GG).	▪ enumerative Aufzählung, z.B. Art. 87c, 90 Abs. 3 GG ▪ Bundesauftragsverwaltung = Verwaltung durch Landesbehörden ▪ Rechts- und Fachaufsicht des Bundes umfassendes Weisungsrecht (Art. 85 Abs. 3, 4 GG), aber Gebot länderfreundlichen Verhaltens (Art. 20 Abs. 1 GG)

III. Rechtsschutz

Sofern ein Land eine Weisung des Bundes für verfassungswidrig hält, ist ein Antrag beim BVerfG im **Bund-Länder-Streitverfahren** gemäß Art. 93 Abs. 1 Nr. 3 GG statthaft; s.u. S. 123 ff.

Gleiches gilt für den Bund, wenn dieser eine Weisung erlassen hat, diese aber wegen angeblicher Rechtswidrigkeit vom Land nicht befolgt wird.

1. Was ist der Unterschied zwischen Gesetzgebungskompetenz und Verwaltungskompetenz?

1. Bei der Gesetzgebungskompetenz geht es um die Frage, wer im Verhältnis Bund oder Land ein bestimmtes Gesetz erlässt.

Bei der Verwaltungskompetenz geht es um die Frage, wer ein bereits erlassenes Gesetz in bestimmter Weise ausführt gegenüber dem Bürger.

2. Was sind die wichtigsten drei Möglichkeiten der Verwaltung von Bundesgesetzen?

2. Grundsätzlich durch die Länder als eigene Angelegenheit wegen Art. 83, 84 GG (sogenannte Bundesaufsichtsverwaltung).

Ausnahmen, die ausdrücklich im GG angeordnet sein müssen, bestehen bei der Ausführung durch die Länder im Auftrag des Bundes (sogenannte Bundesauftragsverwaltung gemäß Art. 85 GG) und bei der bundeseigenen Verwaltung durch Bundesbehörden gemäß Art. 86 f. GG.

3. Welche Befugnisse hat der Bund über die Länder bei der Verwaltung als eigene Angelegenheit?

3. Gemäß Art. 84 Abs. 3 GG besteht eine Rechtsaufsicht.

4. Welche Aufsichtsmöglichkeit hat der Bund über die Landesbehörden im Bereich der Bundesauftragsverwaltung?

4. Fachaufsicht gemäß Art. 85 Abs. 3 u. 4 GG.

5. Was ist der Unterschied zwischen Rechtsaufsicht und Fachaufsicht?

5. Bei der Rechtsaufsicht darf der Bund lediglich kontrollieren, ob die Länder die Bundesgesetze dem geltenden Recht gemäß ausführen; vgl. auch Art. 84 Abs. 3 GG. Ein Weisungsrecht besteht grundsätzlich nicht.

Bei der Fachaufsicht besteht neben der Rechtsaufsicht auch die Möglichkeit der Zweckmäßigkeitskontrolle sowie ein unbeschränktes Weisungsrecht; vgl. Art. 85 Abs. 3 u. 4 GG.

6. Was ist die Ermächtigungsgrundlage für eine Weisung im Rahmen der Bundesauftragsverwaltung durch den Bund an die Länder?

6. Ermächtigungsgrundlage ist Art. 85 Abs. 3, Abs. 4 GG, sofern das betreffende Bundesgesetz von den Ländern im Wege der Bundesauftragsverwaltung durchgeführt wird.

7. Was sind die Voraussetzungen einer Weisung nach Art. 85 Abs. 3 u. 4 GG?

7. Die Voraussetzungen sind:

a) Gemäß Art. 85 Abs. 3 S. 1 GG muss die Weisung von einer obersten Bundesbehörde, also einem Bundesministerium, kommen (zuständiger Weisungsgeber); die Weisung muss grundsätzlich an eine oberste Landesbehörde, also ein Landesministerium, gerichtet werden (richtiger Weisungsadressat).

b) Als ungeschriebene Voraussetzungen sind zu beachten, die vom BVerfG entwickelten Anforderung aus Art. 20 Abs. 1, Bundesstaatsprinzip, Grundsatz des länderfreundlichen Verhaltens.

aa) Gebot der Weisungsklarheit bzw. Bestimmtheit.

bb) Die Weisung darf nicht missbräuchlich erfolgen.

cc) In der Begründung der Weisung muss eine Abwägung mit den Landesinteressen enthalten sein.

dd) Bund hat für Inhalt der Weisung die Gesetzgebungskompetenz.

8. Welche Rechtsschutzmöglichkeit besteht beim BVerfG, wenn ein Land gegen eine möglicherweise rechtswidrige Weisung des Bundes vorgehen will?

8. Antrag im verfassungsrechtlichen Bund-Länder-Streitverfahren gemäß Art. 93 Abs. 1 Nr. 3 GG.

9. Teil: Rechtsprechung – Verfahren vor dem BVerfG

1. Abschnitt: Art. 92–104 GG

Die **Art. 92–104 GG** sind der Rechtsprechung gewidmet. Die rechtsprechende Gewalt, die Judikative, ist den Richtern – und nur den Richtern – anvertraut, die unabhängig und nur dem Gesetz unterworfen sind, vgl. Art. 92, 97 GG.

Neben **Rechtsgarantien des Bürgers**, die in Art. 101–104 GG geregelt sind, enthält der Abschnitt über die Rechtsprechung vor allem Regelungen über die **Gerichtsorganisation** und die **Rechtsstellung der Richter** (vgl. Art. 97, 98 GG).

In Bezug auf die Gerichtsorganisation stellt Art. 92 GG in Konkretisierung des Art. 30 GG klar, dass den **Ländern** die Einrichtung der verschiedenen Amts-, Land-, Oberlandesgerichte, der Verwaltungs- und Oberverwaltungsgerichte, sowie der Arbeits-, Sozial- und Finanzgerichte obliegt. Das Grundgesetz sieht aber auch **Bundesgerichte** vor und zwar:

- **Bundesverfassungsgericht**, vgl. Art. 93, 94 GG (Karlsruhe),
- **Oberste Bundesgerichtshöfe**, vgl. Art. 95 Abs. 1 GG,
  - **Bundesgerichtshof** (Karlsruhe)
  - **Bundesverwaltungsgericht** (Leipzig)
  - **Bundesfinanzhof** (München)
  - **Bundesarbeitsgericht** (Erfurt)
  - **Bundessozialgericht** (Kassel)

2. Abschnitt: BVerfGG – Verfahren vor dem BVerfG (Überblick)

A. Struktur des BVerfGG

Näheres über die Verfassung des BVerfG und über die Verfahren vor dem BVerfG ist im **BVerfGG** (in Art. 94 Abs. 2 S. 1 GG vorgesehen) geregelt. Es besteht aus vier Teilen. Auch hier wollen wir uns das vorgefundene **„Handwerkszeug"** zunächst einmal anschauen und uns die äußere Ordnung des Gesetzes klarmachen, bevor wir die Vorschriften dann nach den Erfordernissen der Prüfung einzelner Verfahrensarten in einer jeweils neuen Ordnung in Anwendung bringen können.

- **I. Teil: Verfassung und Zuständigkeit des BVerfG, §§ 1–16 BVerfGG**

Der erste Teil befasst sich mit der Verfassung und **Zuständigkeit des BVerfG** und konkretisiert unter anderem die Wahl der Mitglieder des BVerfG, die Art. 94 Abs. 1 GG vorzeichnet.

Klausurhinweis: *Diese Vorschriften werden Sie in der Klausur eher nicht brauchen.* ***§ 13 BVerfGG*** *bildet eine Ausnahme. Er fasst die möglichen Klagemöglichkeiten vor dem BVerfG zusammen, ohne selbst Voraussetzungen zu nennen. Er muss bei der Benennung der jeweiligen Verfahrensart mitzitiert werden.* !

- **II. Teil: Verfassungsgerichtliches Verfahren, §§ 17–35c BVerfGG**

Im zweiten Teil finden Sie hauptsächlich **allgemeine Verfahrensvorschriften**, d.h. Vorschriften, die grundsätzlich für alle Verfahren gelten. Sie kennen diese Technik des „Vor-die-Klammer-Ziehens" vielleicht bereits vom BGB. Die §§ 17–35c BVerfGG gelten gleichsam als „Allgemeiner Teil" für alle bundesverfassungsgerichtlichen Verfahren.

Klausurhinweis: *Für die Klausur werden Sie vor allem* ***§ 23 Abs. 1 BVerfGG*** *brauchen. Anträge, die das Verfahren – egal welches – einleiten, müssen gemäß § 23 Abs. 1 BVerfGG schriftlich erfolgen und begründet werden.* !

- **III. Teil: Einzelne Verfahrensarten, §§ 36–96d BVerfGG**

Der dritte Teil regelt als „Besonderer Teil" die nähere Ausgestaltung der einzelnen Verfahrensarten, die zuvor in § 13 BVerfGG bereits benannt worden sind.

Das BVerfG wird **nur im Rahmen der gesetzlich vorgesehenen Verfahrensarten** tätig. Die meisten Verfahrensarten finden Sie bereits im GG, im Wesentlichen im **Katalog des Art. 93 Abs. 1 GG**. Jedoch gibt es verstreut über das GG weitere Fälle, in denen das BVerfG entscheidet, was Art. 93 Abs. 1 Nr. 5 GG auch klarstellt. Schließlich kann dem BVerfG nicht nur durch das Grundgesetz, sondern auch „einfachgesetzlich" durch Bundesgesetz gemäß Art. 93 Abs. 3 GG, § 13 Nr. 15 BVerfGG Zuständigkeit verliehen sein (Beispiel: § 33 Abs. 2 ParteiG, Verbot von Ersatzorganisationen verbotener Parteien).

- **IV. Teil: Schlussvorschriften, §§ 98–106 BVerfGG**

<table>
<tr><th colspan="2">Das BVerfGG</th></tr>
<tr><td colspan="2">I. Teil: §§ 1–16
Verfassung und Zuständigkeit</td></tr>
<tr><td rowspan="6">II. Teil: §§ 17–35c
Verfassungsgerichtliches Verfahren, u.a. allgemeine Verfahrensvorschriften</td><td>III. Teil: §§ 36–95
Einzelne Verfahrensarten, z.B.</td></tr>
<tr><td>Verfassungsbeschwerde, §§ 90 ff.</td></tr>
<tr><td>Organstreitverfahren, §§ 63 ff.</td></tr>
<tr><td>Bund-Länder-Streitigkeit, §§ 68 ff.</td></tr>
<tr><td>Abstrakte Normenkontrolle, §§ 76 ff.</td></tr>
<tr><td>Konkrete Normenkontrolle, §§ 80 ff.</td></tr>
<tr><td colspan="2">IV. Teil: §§ 98–105
Schlussvorschriften</td></tr>
</table>

B. Verfahrenstypen

Man kann die Verfahren vor dem BVerfG in drei Kategorien einteilen:

- Streitverfahren **(„kontradiktorische Verfahren")**, bei denen sich ein Antragsteller und ein Antragsgegner gegenüberstehen. Organstreitverfahren und Bund-Länder-Streitigkeit gehören zu dieser Kategorie.
- **Kontrollverfahren**, bei denen nur ein Antragsteller die Kontrolle z.B. eines Gesetzes (im Fall der abstrakten oder konkreten Normenkontrolle) oder die Kontrolle eines Aktes der öffentlichen Gewalt (im Fall der Verfassungsbeschwerde) beantragt.
- **Sonstige Verfahren**, die sich nicht in die vorgenannten Kategorien einordnen lassen; dazu gehört das Parteiverbotsverfahren.

C. Übersicht: Die wichtigsten Verfahren vor dem BVerfG

Anordnung im Grundgesetz	Nummer im Katalog des § 13 BVerfGG	Nähere Ausgestaltung im III. Teil des BVerfGG
▪ Verfassungsbeschwerde, Art. 93 Abs. 1 Nr. 4 a →	§ 13 Nr. 8 a →	§§ 90 ff.
▪ Organstreitverfahren, Art. 93 Abs. 1 Nr. 1 →	§ 13 Nr. 5 →	§§ 63 ff.
▪ Bund-Länder-Streitigkeit, Art. 93 Abs. 1 Nr. 3 →	§ 13 Nr. 7 →	§§ 68 ff.
▪ Abstrakte Normenkontrolle, Art. 93 Abs. 1 Nr. 2 →	§ 13 Nr. 6 →	§§ 76 ff.
– Unterfall: Meinungsverschiedenheit über die Voraussetzungen des Art. 72 Abs. 2; Art. 93 Abs. 1 Nr. 2 a →	§ 13 Nr. 6 a →	§§ 76 Abs. 2, 77 Nr. 2, 78 f.
– Unterfall: weiteres Bestehen der Erforderlichkeit einer bundesgesetzlichen Regelung, Art. 93 Abs. 2 GG →	§ 13 Nr. 6 b →	§ 97
▪ Konkrete Normenkontrolle, Art. 100 Abs. 1 (Art. 93 Abs. 1 Nr. 5) →	§ 13 Nr. 11 →	§§ 80 ff.
▪ Parteiverbotsverfahren, Art. 21 Abs. 2 S. 2 (Art. 93 Abs. 1 Nr. 5) →	§ 13 Nr. 2 →	§§ 43 ff.

D. Allgemeines zum Prüfungsaufbau

Die Prüfung eines Verfahrens vor dem BVerfG unterfällt in zwei Teile: die Zulässigkeit und die Begründetheit des Verfahrens.

- Das Verfahren muss zunächst zulässig sein. Im Rahmen der Prüfung der **Zulässigkeit** sind u.a. Fragen des ordnungsgemäßen Ingangsetzens des Verfahrens (z.B. Beteiligtenfähigkeit von Antragsteller und ggf. des Antragsgegners, richtiger Antragsgegenstand) zu untersuchen. Wird der Antrag auf abstrakte Normenkontrolle, die Verfassungsbeschwerde etc. als unzulässig abgewiesen, so wird in der Sache selbst nicht entschieden.

  Hinweis: *Im Hinblick auf die enumerative Zuständigkeit des BVerfG ist es üblich, zu Beginn der Zulässigkeit zunächst die „Zuständigkeit des BVerfG" festzustellen.* !

Beispiel Organstreitverfahren: *Das BVerfG ist zuständig für die Entscheidung des Organstreitverfahrens gemäß Art. 93 Abs. 1 Nr. 1 GG, § 13 Nr. 5 BVerfGG.*

- Ist das Verfahren zulässig, so ist zur **Begründetheit** – d.h. zur Sache selbst – Stellung zu nehmen. Die Begründetheitsprüfung, die in der Regel den Schwerpunkt der Klausur darstellt, beginnen Sie immer mit einem Satz, in dem beschrieben wird, was im Rahmen der Begründetheit geprüft wird. Dieser Satz – der sogenannte **Obersatz** – erleichtert Ihnen die Vorgehensweise, denn dadurch führen Sie sich (und auch dem Korrektor der Klausur!) den Prüfungsgegenstand und vor allem den Prüfungsmaßstab (das GG, nur die Grundrechte des GG ...) nochmals vor Augen.

3. Abschnitt: Die Technik der Zulässigkeitsprüfung

Schwierigkeiten bereitet vielen Studenten die Prüfung der Zulässigkeit, da sie meinen, man müsse „alle Aufbauschemata auswendig lernen." Das ist aber gar nicht notwendig, da (nahezu) alle Voraussetzungen **im Gesetz selbst ablesbar** sind. **Schauen Sie sich bitte, wenn Sie das folgende Beispiel nachvollziehen, unbedingt die entsprechenden Normen an!**

Beispiel: *Der Bundestag beschließt ein Gesetz. Nach Gegenzeichnung durch die Bundeskanzlerin weigert sich der Bundespräsident, das Gesetz auszufertigen. Der Bundestag möchte diese Weigerung vom Bundesverfassungsgericht überprüfen lassen. Ist ein Antrag zulässig?*

I. Zuständigkeit des Bundesverfassungsgerichts

Die Zulässigkeitsprüfung beginnt mit der Frage, ob das Bundesverfassungsgericht überhaupt für die Entscheidung zuständig ist. **Ausgangspunkt** für die Klärung der Frage ist **Art. 93 GG**. Zu klären sind an dieser Stelle eigentlich zwei Fragen, nämlich

- die **Statthaftigkeit**, also die Frage, welches Verfahren nach dem Begehren des Antragstellers einschlägig ist und
- ob es sich um eine **verfassungsrechtliche Streitigkeit** handelt.

Im obigen Beispiel *möchte der Bundestag die Weigerung des Bundespräsidenten, das Gesetz auszufertigen, überprüfen lassen. Nach Art. 93 Abs. 1 Nr. 1 GG entscheidet das Bundesverfassungsgericht „über die Auslegung des GG aus Anlass von Streitigkeiten über den Umfang der Rechte und Pflichten eines obersten Bundesorgans." Der Bundespräsident ist ein oberstes Bundesorgan, der nach Art. 82 Abs. 1 GG „die Gesetze nach Gegenzeichnung ausfertigt." Das Organstreitverfahren aus Art. 93 Abs. 1 Nr. 1 GG ist daher das „richtige" Verfahren, um klären zu lassen, ob der Bundespräsident eine Pflicht zur Ausfertigung nach dem GG hat. Gleichzeitig handelt es sich um eine„verfassungsrechtlichen Streitigkeit", da am Verfassungsleben*

Beteiligte (Bundestag, Bundespräsident) um Verfassungsrecht (Art. 82 Abs. 1 GG) streiten.

Die Zuständigkeiten des Bundesverfassungsgerichts sind dann in **§ 13 BVerfGG** aufgegriffen und einfachgesetzlich geregelt. Suchen Sie sich aus § 13 BVerfGG die entsprechende Nummer für das einschlägige Verfahren heraus. Dies ist – wie oben dargestellt – notwendig, da die einzelnen Verfahrensarten in eigenen Abschnitten geregelt sind, die jeweils mit der Nummer aus § 13 BVerfGG überschrieben sind. Dort sind die einzelnen Zulässigkeitsvoraussetzungen geregelt.

***Im obigen Beispiel** ist das Organstreitverfahren in § 13 Nr. 5 BVerfGG aufgegriffen. Im 6. Abschnitt (§§ 63 ff. BVerfGG), der überschrieben ist mit „Verfahren in den Fällen des § 13 Nr. 5 BVerfGG", finden sich die Zulässigkeitsvoraussetzungen, die dann zu prüfen sind. **Prüfen Sie einfach Paragraf für Paragraf, Absatz für Absatz die Vorschriften, und Sie werden automatisch die richtigen Zulässigkeitsvoraussetzungen finden**.*

II. Beteiligtenfähigkeit

Die Beteiligtenfähigkeit ist in **§ 63 BVerfGG** geregelt. Danach können nur die dort genannten obersten Bundesorgane oder Teile davon beteiligtenfähig sein.

***Im Beispiel** sind sowohl der Bundestag als Antragsteller, als auch der Bundespräsident als Antragsgegner beteiligtenfähig.*

III. Antragsgegenstand

Gemäß **§ 64 Abs. 1 BVerfGG** muss der Antragsteller geltend machen, durch eine Maßnahme oder Unterlassung des Antragsgegners in seinen Rechten verletzt zu sein. Gemeint ist hier jede rechtserhebliche Maßnahme bzw. Unterlassung. Das Merkmal der „Rechtserheblichkeit" ist nicht im Gesetz normiert, sodass Sie sich dies (beim Nachlernen) merken müssen.

***In dem Beispiel** ist die Weigerung des Bundespräsidenten, das Gesetz auszufertigen, natürlich rechtserheblich.*

IV. Antragsbefugnis

Der Antragsteller muss geltend machen, durch die Maßnahme/Unterlassung in seinen ihm durch das GG übertragenen Rechten verletzt zu sein, **§ 64 Abs. 1 BVerfGG**. Das bedeutet, dass eine Rechtsverletzung zumindest möglich ist.

***Im obigen Beispiel** wehrt sich der Bundestag gegen die Weigerung des Bundespräsidenten, das Gesetz auszufertigen. Der Bundestag ist gemäß Art. 77 Abs. 1 S. 1*

GG der Gesetzgeber. Wenn sich der Bundespräsident weigert, ein verfassungkonformes Gesetz auszufertigen, kann das Gesetz nicht in Kraft treten (Art. 82 GG). Daher kann die Weigerung den Bundestag zumindest möglicherweise in seinem Recht auf Gesetzgebung aus Art. 77 Abs. 1 S. 1 GG verletzen.

V. Form

Die Form eines Antrags beim Bundesverfassungsgericht ist allgemein bereits in **§ 23 Abs. 1 BVerfGG** geregelt, und zwar für alle Verfahrensarten in gleicher Weise. Teilweise wird diese allgemeine Formvorschrift jedoch ergänzt. Im Organstreitverfahren gilt **§ 64 Abs. 2 BVerfGG**. Danach ist im Antrag die Bestimmung zu bezeichnen, gegen die verstoßen wird.

Anmerkung: *Auf die Form ist in einer Klausur nur einzugehen, wenn sie problematisch ist. Dann würde diese Voraussetzung auch eher erst am Ende dargestellt werden. Die hier gewählte Darstellung unter V. soll nur verdeutlichen, dass Sie in einer Klausur keinen Prüfungspunkt vergessen können, wenn Sie einfach Schritt für Schritt die §§ des einschlägigen Abschnitts prüfen.*

VI. Frist

Nach **§ 64 Abs. 3 BVerfGG** ist der Antrag binnen 6 Monaten zu stellen, nachdem die beanstandete Maßnahme bzw. Unterlassung dem Antragsteller bekannt geworden ist.

Weitere Zulässigkeitsvoraussetzungen enthalten die §§ 63 ff. BVerfGG nicht. **Wie Sie sehen, kann man sich die Zulässigkeitsvoraussetzungen „einfach" aus dem Gesetz herauslesen.**

4. Abschnitt: Organstreitverfahren, Art. 93 Abs. 1 Nr. 1 GG, §§ 13 Nr. 5, 63 ff. BVerfGG

Prüfschema Organstreitverfahren

A. Zulässigkeit

- **I. Zuständigkeit des BVerfG** nach Art. 93 Abs. 1 Nr. 1 GG, § 13 Nr. 5 BVerfGG
- **II. Beteiligtenfähigkeit** von Antragsteller/Antragsgegner, § 63 BVerfGG, ggf. direkt aus Art. 93 Abs. 1 Nr. 1 GG
- **III. Antragsgegenstand**, vgl. §§ 64 Abs. 1, 67 S. 1 BVerfGG: jede rechtserhebliche Maßnahme oder Unterlassung des Antragsgegners
- **IV. Antragsbefugnis**, § 64 Abs. 1 BVerfGG
- **V. Form des Antrags**, §§ 23 Abs. 1, 64 Abs. 2 BVerfGG
- **VI. Frist:** 6 Monate, § 64 Abs. 3 BVerfGG

B. Begründetheit

Obersatz, angelehnt an § 67 BVerfGG: *„Der Antrag ist begründet, wenn die Maßnahme oder Unterlassung des Antragsgegners gegen das Grundgesetz verstößt und der Antragsteller dadurch in seinen grundgesetzlichen Rechten verletzt ist."*

A. Zulässigkeit

I. Zuständigkeit das BVerfG

Nach Art. 93 Abs. 1 Nr. 1 GG, § 13 Nr. 5 BVerfGG entscheidet das BVerfG über die Auslegung des Grundgesetzes aus Anlass von Streitigkeiten über den Umfang der Rechte und Pflichten eines obersten Bundesorgans oder anderer Beteiligter, die durch das Grundgesetz oder in der Geschäftsordnung eines obersten Bundesorgans mit eigenen Rechten ausgestattet sind.

II. Beteiligtenfähigkeit

Ein Streitverfahren setzt **Antragsteller** und **Antragsgegner** voraus. Jedoch sind im Organstreitverfahren nur gewisse Organe beteiligtenfähig, d.h. taugliche Antragsteller bzw. Antragsgegner. Art. 93 Abs. 1 Nr. 1 GG nennt als beteiligtenfähig die „obersten Bundesorgane" und „andere Beteiligte". Die Formulierung in § 63 BVerfGG weicht davon ab.

„Gegenüberstellung" von Art. 93 Abs. 1 Nr. 1 GG und § 63 BVerfGG		
Art. 93 Abs. 1 GG		**§ 63 BVerfGG**
■ Oberste Bundesorgane	⇔	■ Der Bundespräsident, der Bundestag, der Bundesrat, die Bundesregierung
■ Andere Beteiligte, die durch dieses Grundgesetz oder in der Geschäftsordnung eines obersten Bundesorgans mit eigenen Rechten ausgestattet sind	⇔	■ Die im Grundgesetz oder in der Geschäftsordnung des Bundestags und des Bundesrats mit eigenen Rechten ausgestatteten Teile dieser Organe

§ 63 BVerfGG versucht, in einer Aufzählung die obersten Bundesorgane beim Namen zu nennen. Diese Aufzählung ist aber zu eng geraten. Es wurde die **Bundesversammlung** (vgl. Art. 54 GG) und der **Gemeinsame Ausschuss** (Art. 53a GG) vergessen, die ebenfalls oberste Bundesorgane sind. Ihre Beteiligtenfähigkeit ergibt sich direkt aus Art. 93 Abs. 1 Nr. 1 GG, der schlicht von „obersten Bundesorganen" spricht und damit auch die beiden letztgenannten Organe – neben den in § 63 BVerfGG genannten – erfasst.

Die „anderen Beteiligten" beschreibt § 63 BVerfGG ebenfalls zu eng im Vergleich zu Art. 93 Abs. 1 Nr. 1 GG. Dieser verlangt lediglich, dass die „anderen Beteiligten" durch das Grundgesetz oder in der Geschäftsordnung eines obersten Bundesorgans mit eigenen Rechten ausgestattet, d.h., nicht unbedingt Teil eines Bundesorgans sein müssen.

Als „andere Beteiligte" kommen beispielsweise in Betracht: der **Bundestagspräsident**, der **Bundesratspräsident, Ausschüsse des Bundestags, Fraktionen**, die **Minderheitenenquete** (Art. 44 Abs. 1 GG). Insoweit kann die Beteiligtenfähigkeit unproblematisch schon auf die einfachgesetzliche Regelung des § 63 BVerfGG gestützt werden.

Gleiches gilt grundsätzlich für den **Bundeskanzler** und die **Bundesminister**, die Teil der Bundesregierung sind. Bei Meinungsverschiedenheiten zwischen den Bundesministern ist jedoch Art. 65 S. 3 GG zu beachten, der insoweit den Art. 93 Abs. 1 Nr. 1 GG verdrängt.

Die **Parteien** i.S.d. Art. 21 GG sind nicht Teil eines obersten Bundesorgans. Daher kann ihre Beteiligtenfähigkeit nicht aus § 63 BVerfGG abgeleitet werden. Die Parteien sind aber im Grundgesetz mit eigenen Rechten ausgestattet (Art. 21 GG). Sie sind daher als „andere Beteiligte" nach Art. 93 Abs. 1 Nr. 1 GG beteiligtenfähig, soweit sie um ihren verfassungsrechtlichen Status streiten.

Ein beliebtes Klausurproblem ist schließlich die Frage der Beteiligtenfähigkeit eines einzelnen **Bundestagsabgeordneten**. Der Abgeordnete ist **kein Organteil** des Bundestages i.S.d. § 63 BVerfGG, da dies nur für ständige Untergliederungen des Bundestages gilt. Abgeordnete sind aber als „andere Beteiligte" i.S.d. Art. 93 Abs. 1 Nr. 1 GG beteiligtenfähig, wenn sie um ihre Abgeordnetenrechte nach Art. 38 Abs. 1 S. 2 GG streiten.

Hinweis: *Das BVerfG greift ohne nähere Erörterung, ob der zu enge § 63 BVerfGG verfassungswidrig ist, in Bezug auf Parteien und Abgeordnete einfach auf* ***Art. 93 Abs. 1 Nr. 1 GG*** *zurück. Das sollten Sie auch in der Klausur tun, selbst wenn in der Lit. teilweise andere Auffassungen vertreten werden.* !

III. Antragsgegenstand

Antragsgegenstand kann jede **rechtserhebliche** Maßnahme oder Unterlassung des Antragsgegners sein, vgl. §§ 64 Abs. 1, 67 S. 1 BVerfGG. Bloße Meinungsäußerungen oder Maßnahmen mit vorbereitendem Charakter sind keine tauglichen Antragsgegenstände, da diese keinen rechtserheblichen Charakter aufweisen.

Beispiel für fehlende Rechtserheblichkeit: Parlamentarische Rüge des Bundestagspräsidenten gegenüber einem Abgeordneten, da der Abgeordnete hierdurch nur ermahnt wird; ebenso nur vorbereitende Maßnahmen.

Hinweis: *Zum Teil wird darauf verzichtet, die Frage der rechtlichen Relevanz der jeweiligen Maßnahme schon unter dem Aspekt des Streitgegenstandes zu behandeln. Die Unzulässigkeit der Klage ergibt sich dann ggf. beim nächsten Prüfungspunkt aus dem Fehlen der Klagebefugnis, da das klagende Organ bei fehlender rechtlicher Relevanz nicht in seinen Rechten gefährdet oder verletzt ist.* !

Taugliche Antragsgegenstände sind **konkrete** Streitigkeiten über verfassungsrechtliche Beziehungen der Beteiligten. Nur abstrakte Streitigkeiten um Rechte genügen nicht, erforderlich ist immer eine konkrete Handlung oder Unterlassung.

Beispiele: Nichtausfertigung eines Gesetzes durch den Bundespräsidenten, Auflösung des Bundestags durch den Bundespräsidenten oder Nichtzuerkennung eines vollwertigen Ausschusssitzes für den fraktionslosen Abgeordneten durch den Bundestag.

IV. Antragsbefugnis

Der Antragsteller muss gemäß § 64 Abs. 1 BVerfGG geltend machen, dass er oder das Organ, dem er angehört, durch die Maßnahme oder Unterlassung des Antragsgegners (= Antragsgegenstand) in seinen ihm **durch das Grundgesetz** übertragenen Rechten oder Pflichten verletzt oder unmittelbar gefährdet ist.

Geltendmachung bedeutet nach der Rspr. des BVerfG, dass die Möglichkeit der Verletzung oder Gefährdung aus einem zwischen Antragsteller und Antragsgegner bestehenden Rechtsverhältnis **plausibel** dargelegt werden muss (ob tatsächlich eine Rechtsverletzung gegeben ist, ist eine Frage der Begründetheit). Dabei müssen dem Antragsteller zustehende Rechte aus dem Grundgesetz gerügt werden, einfach-gesetzliche Bestimmungen genügen nicht.

Daneben fällt an § 64 Abs. 1 BVerfGG auf, dass ein Organteil neben eigenen Rechten auch Rechte des Organs, dem es angehört, im eigenen Namen geltend machen kann (sogenannte **„Prozessstandschaft"**).

Beispiele:

1. Der **Bundestag** kann bei Nichtausfertigung eines Gesetzes durch den Bundespräsidenten geltend machen, in **seinem Gesetzgebungsrecht** (Art. 77 f. GG) verletzt zu sein, eine Rechtsverletzung erscheint möglich. Ob der Bundespräsident die Ausfertigung verweigern durfte oder nicht, ist erst im Rahmen der Begründetheit zu überprüfen.

2. Eine **Fraktion** kann bei Auflösung des Bundestags durch den Bundespräsidenten nach Art. 68 Abs. 1 S. 1 GG als Organteil des Bundestags im Wege der Prozessstandschaft **Rechte des Bundestags** geltend machen (ob dies auch einzelne Abgeordnete können, ist umstritten – dazu gleich). In Betracht kommt hier eine mögliche Verletzung von Art. 39 Abs. 1 S. 1, 68 GG, wonach der Bundestag grundsätzlich auf vier Jahre gewählt wird und nur unter bestimmten Voraussetzungen aufgelöst werden kann.

3. Der fraktionslose **Abgeordnete** A kann bei Verweigerung eines vollwertigen Ausschusssitzes durch den Bundestag die **Verletzung seiner Abgeordnetenrechte** (Art. 38 Abs. 1 S. 2 GG) plausibel geltend machen.

Wahrnehmung der Rechte des Bundestags durch Fraktionen

!

Beachten Sie: *Die Fraktion kann im Wege der Prozessstandschaft Rechte des Bundestags geltend machen. Ihre Aufgabe ist es insbesondere, die Kontrollrechte des Parlaments gegenüber der Regierung (vor allem als Minderheit!) zu verteidigen, auch wenn der Bundestag die beanstandete Maßnahme gebilligt hat (die Parlamentsmehrheit stützt in der Regel die Regierungsarbeit). In der Möglichkeit der Geltendmachung der Parlamentsrechte durch die Fraktion liegt also ein gewisser* ***Ausgleich für die Durchbrechung des Gewaltenteilungsprinzips***

zwischen Parlament und Bundesregierung. Die parlamentarische Kontrolle bleibt auf diese Weise trotzdem gewährleistet.

Wahrnehmung der Rechte des Bundestags durch einzelne Abgeordnete

Abgeordnete sind zwar Mitglieder des Bundestages, aber **nicht Organteile** des Bundestages. Sie können sich im Organstreitverfahren daher nicht auf Rechte des Bundestages, sondern **nur auf eigene Rechte** berufen. Dies wird vom BVerfG in ständiger Rechtsprechung damit begründet, dass ein Abgeordneter nicht i.S. einer „ständig vorhandenen Untergliederung" des Bundestages anzusehen ist (BVerfG, Beschl. v. 12.03.2007 – 2 BvE 1/07, Rn. 23).

V. Form des Antrags

Für die Form des Antrags gilt zunächst die allgemeine Verfahrensvorschrift des **§ 23 Abs. 1 BVerfGG**. Er muss schriftlich und mit Begründung beim BVerfG eingereicht werden. Daneben gilt **§ 64 Abs. 2 BVerfGG**: Die als verletzt gerügte Bestimmung des Grundgesetzes muss bezeichnet werden.

VI. Frist

Der Antragsteller muss gemäß **§ 64 Abs. 3 BVerfGG** binnen sechs Monaten, nachdem ihm die beanstandete Maßnahme oder Unterlassung bekannt geworden ist, den Antrag stellen.

Bei einem Unterlassen ist Fristbeginn spätestens die erkennbare Weigerung des Antragsgegners, in der für erforderlich gehaltenen Weise tätig zu werden.

B. Begründetheit

Begründetheitsprüfung beginnend mit dem Obersatz

Der **Obersatz** ist an § 67 BVerfGG anzulehnen. Formulieren Sie etwa so: *„Der Antrag ist begründet, wenn die zu beanstandende Maßnahme oder Unterlassung des Antragsgegners gegen das Grundgesetz verstößt und der Antragsteller dadurch in seinen Rechten verletzt ist."*

Dann prüfen Sie, ob z.B. der Bundespräsident zu Recht die Ausfertigung verweigert hat, ob er den Bundestag zu Recht gemäß Art. 68 GG aufgelöst hat, oder ob dem Abgeordneten A zu Recht ein vollwertiger Ausschusssitz verweigert wurde.

Entscheidung des BVerfG

Das BVerfG **stellt** gemäß § 67 BVerfGG lediglich **fest**, ob die beanstandete Maßnahme oder Unterlassung gegen das Grundgesetz verstößt und bezeichnet die Bestimmung, vgl. § 67 S. 1 und S. 2

BVerfGG. Es erfolgt keine Aufhebung oder Nichtigerklärung einer Maßnahme, also kein Gestaltungsurteil!

5. Abschnitt: Bund-Länder-Streitigkeit gemäß Art. 93 Abs. 1 Nr. 3 GG, §§ 13 Nr. 7, 68 ff. BVerfGG

Prüfschema Bund-Länder-Streitigkeit

A. Zulässigkeit

I. **Zuständigkeit des BVerfGG** nach Art. 93 Abs. 1 Nr. 3 GG, § 13 Nr. 7 BVerfGG

II. **Beteiligtenfähigkeit** von Antragsteller/Antragsgegner, § 68 BVerfGG

III. **Antragsgegenstand**, vgl. § 69 i.V.m. §§ 64 Abs. 1, 67 S. 1 BVerfGG: jede rechtserhebliche Maßnahme oder Unterlassung des Antragsgegners

IV. **Antragsbefugnis**, § 69 i.V.m. § 64 Abs. 1 BVerfGG

V. **Form**, §§ 23 Abs. 1, 69 i.V.m. § 64 Abs. 2 BVerfGG

VI. **Frist:** 6 Monate, § 69 i.V.m. § 64 Abs. 3 BVerfGG (Ausnahme: § 70 BVerfGG: 1 Monat)

B. Begründetheit

Obersatz, angelehnt an § 69 i.V.m. § 67 BVerfGG: *„Der Antrag ist begründet, wenn die Maßnahme oder Unterlassung des Antragsgegners gegen das Grundgesetz verstößt und den Antragsteller in seinen grundgesetzlichen Rechten verletzt."*

A. Zulässigkeit

I. Zuständigkeit des BVerfG

Parallelen zum Organstreit: Verweisungsnorm des § 69 BVerfGG

Das BVerfG entscheidet gemäß Art. 93 Abs. 1 Nr. 3 GG, § 13 Nr. 7 BVerfGG bei „Meinungsverschiedenheiten" über Rechte und Pflichten des Bundes und der Länder. Die Bund-Länder-Streitigkeit ist dem Organstreit sehr ähnlich und ihm eigentlich nur vorgelagert. Stellt sich etwa in einem Streit um die Verbandskompetenz die Zuständigkeit des Bundes heraus, so ist auf der nächsten Ebene über das zuständige Organ des Bundes zu entscheiden, ggf. Streit zu führen. Es kann danach wenig verwundern, wenn die Zulässigkeitsvoraussetzungen des Bund-Länder-Streits im Wesentlichen durch die **Verweisungsnorm des § 69 BVerfGG** auf den Organstreit geregelt sind. Konkretisiert werden die Meinungsverschiedenheiten durch den zweiten Halbsatz: „Insbesondere" sind dies Streitigkeiten bei der Ausführung von Bundesrecht durch die Länder und bei der Ausübung der Bundesaufsicht. (Sie erinnern sich an den Abschnitt über die Verwaltung und an die Art. 84 ff. GG, oben S. 112 ff.!)

Beispiele zur Bund-Länder-Streitigkeit:

1. Die Bundesregierung ist der Meinung, dass ein Land den Grundsatz des bundesfreundlichen Verhaltens verletzt hat.

2. Das Land M wehrt sich gegen eine Weisung gemäß Art. 85 Abs. 3 GG.

3. Besonderheiten gelten bei der Ausführung der Bundesgesetze durch die Länder als eigene Angelegenheit (Art. 84 GG).

Beispiel hier: Der Bundesrat hat auf Antrag der Bundesregierung einen Beschluss gefasst, wonach das Land L Bundesgesetze nicht dem geltenden Recht gemäß ausgeführt hat (Art. 84 Abs. 4 S. 1 GG). Diesen Beschluss kann das Land L gemäß Art. 84 Abs. 4 S. 2 GG vor dem BVerfG anfechten. Es gelten hierfür auch die §§ 13 Nr. 7, 68 ff. BVerfGG (als Sondervorschrift gilt insbesondere § 70 BVerfGG – dazu gleich).

II. Beteiligtenfähigkeit

Taugliche **Antragsteller** und **Antragsgegner** können im Bund-Länder-Streit gemäß **§ 68 BVerfGG** nur die Bundesregierung und die Landesregierungen sein, die in Prozessstandschaft für den Bund bzw. für das jeweilige Land tätig werden. Zum Teil werden auch Bund und Länder selbst als Partei gesehen. Sie werden dann durch ihre jeweilige Regierung vertreten. Auf einen Streitentscheid kommt es hier nicht an.

III. Antragsgegenstand

Gegenstand der Bund-Länder-Streitigkeit kann jede **rechtserhebliche** Maßnahme oder Unterlassung des Antragsgegners sein. Es gelten die zum Organstreit gemachten Ausführungen, insbesondere muss eine **konkrete** Streitigkeit gegeben sein.

IV. Antragsbefugnis

Da die Bund-Länder-Streitigkeit ein Spezialfall des Organstreitverfahrens ist, verweist § 69 BVerfGG auf die §§ 64–67 BVerfGG. Der Antragsteller muss also gemäß **§ 69 i.V.m. § 64 Abs. 1 BVerfGG** einen Tatsachenvortrag bringen, der es möglich erscheinen lässt, dass er durch eine Maßnahme oder Unterlassung des Antragsgegners (= Antragsgegenstand) in seinen ihm **durch das Grundgesetz** übertragenen Rechten verletzt oder unmittelbar gefährdet ist.

Zu IV. Form

Für die Form gelten **§§ 23 Abs. 1, 69 i.V.m. § 64 Abs. 2 BVerfGG**: Der Antrag muss schriftlich gestellt und mit einer Begründung versehen werden. Die Bestimmung des Grundgesetzes, die als verletzt gerügt wird, ist anzugeben.

Zu V. Frist

Für die Frist gelten grundsätzlich auch **§ 69 i.V.m. § 64 Abs. 3 BVerfGG**. Der Antrag muss binnen sechs Monaten, nachdem dem Antragsteller die Maßnahme oder Unterlassung bekannt geworden ist, gestellt werden.

Bei der Anfechtung des Beschlusses des Bundesrats nach Art. 84 Abs. 4 S. 1, 2 GG ist für die Frist allerdings **§ 70 BVerfGG** zu beachten. Der Beschluss des Bundesrats kann nur binnen eines Monats nach Beschlussfassung angefochten werden.

Zu B. Begründetheit

Den **Obersatz** leiten Sie aus § 69 i.V.m. § 67 BVerfGG ab: Der Antrag ist begründet, wenn die Maßnahme oder die Unterlassung gegen das Grundgesetz verstößt und den Antragsteller in seinen grundgesetzlichen Rechten verletzt.

6. Abschnitt: Abstrakte Normenkontrolle gemäß Art. 93 Abs. 1 Nr. 2 GG, §§ 13 Nr. 6, 76 ff. BVerfGG

Prüfschema abstrakte Normenkontrolle

A. Zulässigkeit

I. Zuständigkeit des BVerfG nach Art. 93 Abs. 1 Nr. 2, § 13 Nr. 6 BVerfGG

II. Beteiligtenfähigkeit als Antragsteller, § 76 Abs. 1 BVerfGG

III. Antragsgegenstand, vgl. Art. 93 Abs. 1 Nr. 2 GG, § 13 Nr. 6 BVerfGG: Vereinbarkeit einer Rechtsnorm mit höherrangigem Recht

IV. Antragsbefugnis, § 76 Abs. 1 Nr. 1 BVerfGG

V. Form, § 23 Abs. 1 BVerfGG

VI. Frist: keine!

B. Begründetheit

Obersatz: Der Antrag ist begründet, wenn die Norm mit höherrangigem Recht unvereinbar ist. Das BVerfG erklärt die Norm in diesem Fall für nichtig, vgl. § 78 S. 1 BVerfGG.

A. Zulässigkeit

I. Zuständigkeit des BVerfG

Das BVerfG entscheidet gemäß Art. 93 Abs. 1 Nr. 2 GG, § 13 Nr. 6 BVerfGG bei „Meinungsverschiedenheiten" oder „Zweifeln" über die Vereinbarkeit mit höherrangigem Recht, d.h. über die förmliche und sachliche Vereinbarkeit von Bundesrecht oder Landesrecht mit dem Grundgesetz oder die Vereinbarkeit von Landesrecht mit sonstigem Bundesrecht.

Normenkontrolle ohne konkreten Streitfall

Dieses Verfahren nennt man „abstrakte Normenkontrolle", bei der „einfach so" die Überprüfung einer Norm beantragt werden kann, ohne dass eine bestimmte Frist eingehalten werden oder dass ein Anlass für die Überprüfung der Norm vorliegen muss (wie bei der konkreten Normenkontrolle, dazu später).

!

Beachte: *Im Rahmen von § 76 Abs. 1 BVerfGG sind zwei verschiedene Verfahren zu unterscheiden:*

- ***Normprüfungs- bzw. Normverwerfungsverfahren*** *gemäß § 76 Abs. 1 Nr. 1 BVerfGG (in Klausuren der Regelfall)*

- ***Normbestätigungsverfahren*** *gemäß § 76 Abs. 1 Nr. 2 BVerfGG (in Klausuren eher die Ausnahme!)*

Sonderfälle der abstrakten Normenkontrolle

Hinweis 1: *Kein eigenständiges Verfahren, sondern ein Sonderfall der abstrakten Normenkontrolle ist das* ***Verfahren nach Art. 93 Abs. 1 Nr. 2 a GG****, § 13 Nr. 6 a BVerfGG (sogenanntes* ***Kompetenz-Kontrollverfahren wegen Art. 72 Abs. 2 GG****). Bei Meinungsverschiedenheiten, ob im Bereich der konkurrierenden Gesetzgebung die Voraussetzungen des Art. 72 Abs. 2 Hs. 1 GG (Erforderlichkeit einer bundeseinheitlichen Regelung) vorliegen, entscheidet das BVerfG. Bei der näheren Ausgestaltung dieser „besonderen abstrakten Normenkontrolle" sind §§ 76 Abs. 2 Hs. 1, 77 Nr. 2 BVerfGG zu beachten. Zum einen ist der Prüfungsmaßstab beschränkt, zum anderen gelten in Bezug auf die Beteiligtenfähigkeit und die Antragsbefugnis Besonderheiten (die §§ 78 f. BVerfGG gelten indes auch bei der „besonderen abstrakten Normenkontrolle"). Im Folgenden wird nur die „normale abstrakte Normenkontrolle" besprochen. Lesen Sie aber die genannten Sondervorschriften und beachten Sie die Abweichungen!*

!

Hinweis 2: *Des Weiteren ist die Überprüfungsmöglichkeit durch das BVerfG im* ***Verfahren nach Art. 93 Abs. 2 GG****, § 13 Nr. 6 b BVerfGG mit der Frage zu beachten, ob die nötige Erforderlichkeit einer bundesgesetzlichen Regelung noch besteht (sogenanntes* ***Kompetenz-Kontrollverfahren wegen Art. 72 Abs. 4 oder Art. 125a Abs. 2 S. 1 GG****). Auch hierauf soll im Folgenden nicht eingegangen werden. Beachten Sie insoweit die genannten Vorschriften und § 96 BVerfGG.*

II. Beteiligtenfähigkeit

Im Unterschied zu den kontradiktorischen Verfahren, bei denen Antragsteller und Antragsgegner auftreten, gibt es bei der abstrakten Normenkontrolle **nur einen Antragsteller**, der die Überprüfung einer Norm beantragt. Allerdings gibt das BVerfG Bundes- und Landesorganen gemäß § 77 BVerfGG Gelegenheit zur Äußerung.

Es kann aber nicht jedermann den Antrag stellen, sondern nur die in Art. 93 Abs. 1 Nr. 2 GG, § 76 Abs. 1 BVerfGG Genannten. Dies sind:

- die **Bundesregierung**,
- eine **Landesregierung** oder
- **ein Viertel der Mitglieder des Bundestags**.

III. Antragsgegenstand

Im Rahmen der abstrakten Normenkontrolle wird eine Norm auf die Vereinbarkeit mit höherrangigem Recht überprüft. Prüfungsgegenstand kann daher sein (vgl. Art. 93 Abs. 1 Nr. 2 GG, § 13 Nr. 6 BVerfGG):

- Zum einen die Vereinbarkeit von **Bundes- oder Landesrecht** mit dem Grundgesetz,
- zum anderen die Vereinbarkeit von **Landesrecht** mit sonstigem Bundesrecht.

Mit „Recht" sind **formelle wie auch materielle Gesetze** (z.B. Rechtsverordnungen) gemeint. Allerdings muss das Recht „mit Geltungsanspruch" auftreten, also in der Regel bereits verkündet sein (eine Ausnahme gilt für Vertragsgesetze zu völkerrechtlichen Verträgen).

Unterschied zur konkreten Normenkontrolle

Hinweis: *Dies ist bei der* ***konkreten Normenkontrolle*** *anders! Dort werden* ***nur*** *formelle Gesetze überprüft. Vgl. dazu die folgenden Ausführungen zur konkreten Normenkontrolle.*

IV. Antragsbefugnis

Defizite bei der gesetzlichen Umsetzung von Art. 93 Abs. 1 Nr. 2 GG

„Gegenüberstellung" von Art. 93 Abs. 1 Nr. 2 GG und § 76 Abs. 1 BVerfGG

Art. 93 Abs. 1 Nr. 2 GG	**§ 76 Abs. 1 BVerfGG**
Meinungsverschiedenheiten oder Zweifel über die Vereinbarkeit ▪ von Bundesrecht oder Landesrecht mit dem Grundgesetz, ▪ von Landesrecht mit sonstigem Bundesrecht.	Antragsteller hält ▪ Bundes- oder Landesrecht wegen Unvereinbarkeit mit dem Grundgesetz oder dem sonstigen Bundesrecht für nichtig (§ 76 Abs. 1 Nr. 1 BVerfGG). ▪ Bundes- oder Landesrecht für gültig, nachdem ein Gericht, eine Verwaltungsbehörde oder ein Organ des Bundes oder eines Landes das Recht als unvereinbar mit dem Grundgesetz oder sonstigem Bundesrecht nicht angewendet hat (§ 76 Abs. 1 Nr. 2 BVerfGG).
Danach würden Meinungsverschiedenheiten oder bloße Zweifel ausreichen.	Danach muss Überzeugung von Nichtigkeit bzw. Gültigkeit der Norm vorliegen.

?

Zulässige Konkretisierung?
▪ nach h.M. (–)

Mögliche Konsequenzen

Beim **Wortlautvergleich** scheint – ähnlich wie bei Art. 93 Abs. 1 Nr. 1 GG und § 63 BVerfGG – wiederum **§ 76 Abs. 1 BVerfGG als zu eng geraten**. Deshalb wird die Norm teilweise für verfassungswidrig gehalten bzw. empfohlen, auf Art. 93 Abs. 1 Nr. 2 GG zurückzugreifen, wenn bloße Meinungsverschiedenheiten oder Zweifel statt eines „Für-Nichtig-Haltens" bzw. eines „Für-Gültig-Haltens" vorliegen. Nach h.M. reichen für die Begründung der Antragsbefugnis daher Zweifel an der Verfassungsmäßigkeit des Bundes-/Landesrechts aus.

*Teilweise wird in § 76 Abs. 1 BVerfGG dagegen eine **zulässige Konkretisierung** des Art. 93 Abs. 1 Nr. 2 GG gesehen. Der Gesetzgeber könne gemäß Art. 94 Abs. 2 S. 1 GG die Verfahren auch abweichend vom unmittelbaren Normgehalt des Art. 93 GG einengend gestalten.*

V. Für den Normenkontrollantrag gilt die allgemeine **Form**vorschrift des § 23 Abs. 1 BVerfGG.

VI. Eine **Frist** muss bei der abstrakten Normenkontrolle **nicht** eingehalten werden.

B. Begründetheit

Folgender **Obersatz** empfiehlt sich: *„Der Antrag ist begründet, wenn die Norm verfassungswidrig ist (bzw. – bei der Überprüfung von Landesrecht mit sonstigem Bundesrecht – mit diesem unvereinbar ist)."*

Die **Prüfung der Verfassungsmäßigkeit** eines Bundesgesetzes unterteilen Sie – wie es Ihnen bereits bekannt ist – in formelle und materielle Prüfung.

Entscheidung des BVerfG

Kommt das BVerfG zum Ergebnis, dass die Norm unvereinbar mit dem Grundgesetz bzw. mit sonstigem Bundesrecht ist, so erklärt es die Norm grundsätzlich **für nichtig**, vgl. § 78 S. 1 BVerfGG. Aus dem Umkehrschluss zu §§ 79 Abs. 1, 31 Abs. 2 S. 3 BVerfGG folgt aber, dass das BVerfG auch die **Unvereinbarkeit einer Norm mit dem Grundgesetz** aussprechen kann, mit der Folge, dass die Norm nicht mehr angewendet werden darf und die Neuregelung durch den Gesetzgeber abgewartet werden muss. Dies kommt insbesondere bei Verstößen gegen den Gleichheitssatz (Art. 3 Abs. 1 GG) in Betracht, wenn der Gesetzgeber den Verfassungsverstoß auf verschiedene Weise beseitigen kann (Rücksicht auf die Gewaltentrennung).

Das BVerfG kann somit gemäß § 78 S. 1 BVerfGG Maßnahmen der Legislative aufheben. Seine Entscheidung hat im Fall der abstrakten Normenkontrolle **Gesetzeskraft**, vgl. § 31 Abs. 2 BVerfGG. Das BVerfG kann auch Übergangsregelungen erlassen und im Hinblick auf die künftige Regelung durch den Gesetzgeber diesem Regelungsmöglichkeiten aufzeigen. Dies ergibt sich aus der allgemeinen Regelung des § 35 Hs. 2 BVerfGG, wonach das BVerfG ggf. auch die Art und Weise der Vollstreckung seiner Entscheidung regeln kann.

7. Abschnitt: Konkrete Normenkontrolle/Richtervorlage gemäß Art. 100 Abs. 1 GG, §§ 13 Nr. 11, 80 ff. BVerfGG

Prüfungsschema konkrete Normenkontrolle

Prüfschema konkrete Normenkontrolle

A. Zulässigkeit

I. Zuständigkeit des BVerfG nach Art. 100 Abs. 1 GG, § 13 Nr. 11 BVerfGG

II. Vorlagegegenstand: „Gesetz"

- Formelles, nachkonstitutionelles Bundes- oder Landes„gesetz"

III. Vorlageberechtigung, Art. 100 Abs. 1 GG, § 80 Abs. 1 BVerfGG: jedes Gericht

IV. Vorlagevoraussetzungen

- Überzeugung von der Verfassungswidrigkeit des Gesetzes
- Entscheidungserheblichkeit

V. Form, §§ 23 Abs. 1, 80 Abs. 2 BVerfGG

VI. Frist: keine!

B. Begründetheit

Obersatz: Die Vorlage ist begründet, wenn

- das Bundes- oder Landesgesetz mit dem Grundgesetz unvereinbar ist bzw. wenn
- das Landesgesetz mit sonstigem Bundesrecht unvereinbar ist.

A. Zulässigkeit

I. Zuständigkeit des BVerfG

Anlass der konkreten Normenkontrolle ist daher stets ein Verfahren vor dem Fachgericht.

Nach Art. 100 Abs. 1 GG, § 13 Nr. 11 BVerfGG entscheidet das BVerfG über die Verfassungsmäßigkeit von formellen (Bundes- oder Landesgesetzen), wenn ein Gericht diese Frage dem BVerfG zur Entscheidung vorlegt.

II. Vorlagegegenstand

Gesetz i.S.d. Art. 100 Abs. 1 GG

Vorlagegegenstand können **nur formelle Gesetze** sein (beachten Sie die Unterschiede zur abstrakten Normenkontrolle!):

- **formelle, nachkonstitutionelle** Bundes- oder Landesgesetze (deren Vereinbarkeit mit dem Grundgesetz geprüft werden soll) bzw.

- **formelle, nachkonstitutionelle** Landesgesetze (die an sonstigem Bundesrecht gemessen werden sollen).

  Nachkonstitutionell sind zunächst alle Gesetze, die vom Bundestag oder den Parlamenten der Länder **erstmalig** nach Inkrafttreten des GG (= Verfassung = Konstitution) am 23.05.1949 erlassen worden sind (beachten Sie das Erlassdatum des jeweiligen Gesetzes!).

  Beispiel: PUAG (v. 19.06.2001); BWG (v. 23.07.1993)

  Nachkonstitutionell sind des Weiteren auch alle **vorkonstitutionellen** Gesetze, die der Bundesgesetzgeber nach dem 23.05. 1949 **insgesamt** neu erlassen bzw. neu verkündet hat.

  Beispiel: StGB, StPO, ZPO.

  Schließlich liegt auch dann nachkonstitutionelles Recht vor, wenn der Bundesgesetzgeber **einzelne Vorschriften** eines vorkonstitutionellen Gesetzes nach dem 23.05.1949 geändert oder ergänzt hat.

  Beispiel: Das HGB (v. 10.05.1897) ist grundsätzlich vorkonstitutionelles Recht. Alle Änderungen und Ergänzungen des Gesetzes (vgl. Übersicht vor § 1 HGB), die vom Bundestag (nach dem 23.05.1949) vorgenommen wurden, sind nachkonstitutionelles Recht.

Rein materielle Gesetze (also Rechtsverordnungen oder Satzungen) und vorkonstitutionelle Gesetze (also Reichs- oder DDR-Recht) scheiden dagegen als Vorlagegegenstand aus.

Warum ist das so?

Die Fachgerichte können **materielle Gesetze** oder (nicht in den Willen des nachkonstitutionellen Gesetzgebers aufgenommene) **vorkonstitutionelle Gesetze** selbst verwerfen und einfach nicht anwenden, wenn sie diese für rechtswidrig halten. Formelle, nachkonstitutionelle Gesetze (Parlamentsgesetze) können sie dagegen nicht verwerfen; dies soll dem BVerfG im Rahmen der konkreten Normenkontrolle gemäß § 82 Abs. 1 i.V.m. § 78 S. 1 BVerfGG vorbehalten bleiben.

Gesetze im nur materiellen Sinne können auch außerhalb der Verfassungsgerichtsbarkeit verworfen werden.

Der Sinn dieses **Verwerfungsmonopols des BVerfG** bezüglich formeller Gesetze ist die **Sicherung der Autorität des Parlaments**, des nachkonstitutionellen Gesetzgebers, und damit die Wahrung der Gewaltenteilung! Die materiellen Gesetze (Exekutivnormen) bzw. die vorkonstitutionellen Gesetze hat der nachkonstitutionelle Gesetzgeber nicht erlassen, sodass dessen Autorität

Autoritätsschutz des formellen Gesetzgebers

nicht berührt ist, das Gericht also diese Gesetze selbst verwerfen kann.

Vergleich zur abstrakten Normenkontrolle

!

Hinweis: *Für diesen Fall gibt es dann aber die Möglichkeit (für die Bundesregierung, eine Landesregierung oder für ein Drittel der Mitglieder des Bundestags), durch die abstrakte Normenkontrolle die Gültigkeit der Norm durch das BVerfG feststellen zu lassen, vgl. § 76 Abs. 1 Nr. 2 BVerfGG.*

III. Vorlageberechtigung

„Gericht" im Sinne des Art. 100 Abs. 1 GG, § 80 Abs. 1 BVerfGG ist jeder unabhängige Spruchkörper (vgl. Art. 92, 97 GG), der in einem formellen Gesetz mit den **Aufgaben der Rechtsprechung** betraut ist und **als Gericht bezeichnet** wird. Dazu gehören z.B. Amtsgerichte, Landgerichte und Oberlandesgerichte und auch Landesverfassungsgerichte.

IV. Vorlagevoraussetzungen

Das Gesetz kann von dem Fachgericht nur unter den Voraussetzungen des Art. 100 Abs. 1 GG vorgelegt werden.

1. Zum einen muss das Gericht die Norm für verfassungswidrig halten. Damit ist gemeint, dass das Gericht von der **Verfassungswidrigkeit überzeugt** sein muss, bloße Zweifel reichen nicht aus. (Entsprechendes gilt, soweit die Frage der Vereinbarkeit eines Landesgesetzes mit sonstigem Bundesrecht auftaucht.)

2. Zum anderen muss es auf die Gültigkeit des Gesetzes bei der Entscheidung des vorlegenden Gerichts ankommen, d.h. die problematische Norm muss **entscheidungserheblich** sein. Es ist danach zu fragen, ob im Ausgangsverfahren bei Verfassungswidrigkeit der Norm ein anderes Ergebnis herauskäme als bei Verfassungsmäßigkeit. Für die Beurteilung der Entscheidungserheblichkeit der vorgelegten Frage ist die Rechtsauffassung des vorlegenden Gerichts maßgeblich, sofern sie nicht offensichtlich unhaltbar ist.

Wenn diese Voraussetzungen vorliegen, ist das Gericht zur Vorlage **verpflichtet** (vgl. Art. 100 Abs. 1 S. 1 GG: „ …so **ist** das Verfahren auszusetzen und, … die Entscheidung des Bundesverfassungsgerichtes einzuholen").

V. Für die **Form** gilt § 80 Abs. 2 BVerfGG: Es müssen die Vorlagevoraussetzungen (Überzeugung von der Verfassungswidrigkeit und Entscheidungserheblichkeit) näher dargelegt werden.

VI. Die konkrete Normenkontrolle ist **nicht fristgebunden**.

B. Begründetheit

Die Vorlage ist begründet, wenn die betroffene Norm mit höherrangigem Bundesrecht unvereinbar ist (§§ 82 Abs. 1, 78 S. 1 BVerfGG), d.h.

- das Bundes- oder Landesgesetz mit dem Grundgesetz unvereinbar ist bzw.
- das Landesgesetz mit sonstigem Bundesrecht nicht vereinbar ist.

Entscheidung des BVerfG

In diesem Fall **erklärt** das BVerfG die Norm gemäß § 82 Abs. 1 i.V.m. § 78 S. 1 BVerfGG grundsätzlich für **nichtig**. Es kann aber auch – wie bei der abstrakten Normenkontrolle (s.o.) – die Unvereinbarkeit der Norm mit dem Grundgesetz erklären, vgl. Umkehrschluss aus §§ 79 Abs. 1, 31 Abs. 2 S. 3 BVerfGG (z.B. bei Verstößen gegen den Gleichheitssatz).

1. Wo sind die Zuständigkeiten des Bundesverfassungsgerichts geregelt?

1. Die Zuständigkeiten des BVerfG sind in Art. 93 GG geregelt. Neben den in Art. 93 GG genannten sind einzelne Verfahren an anderer Stelle im GG aufgeführt (Art. 93 Abs. 1 Nr. 5 GG, z.B. Art. 100 Abs. 1 GG).

Letztlich kann die Zuständigkeit des BVerfG auch über ein Bundesgesetz begründet werden (Art. 93 Abs. 3 GG, z.B. § 36 Abs. 2 PUAG).

2. Warum ist es wichtig zu wissen, welche Nummer aus § 13 BVerfGG einschlägig ist?

2. Die Verfahrensarten sind in eigenen Abschnitten im BVerfGG geregelt. Die Abschnitte sind überschrieben mit „Verfahren in den Fällen des § 13 Nr. ?", sodass dort die jeweils geltenden Voraussetzungen geregelt sind.

3. Kann ein einzelner Abgeordneter Rechte des Bundestages im Wege der Prozessstandschaft geltend machen?

3. Nein! Anders als eine Fraktion des Bundestages kann der einzelne Abgeordnete dies nicht, da er i.S.d. § 64 Abs. 1 BVerfGG nicht ein „Organteil" ist.

4. Was versteht man unter „Recht" als Gegenstand der abstrakten Normenkontrolle (§ 76 Abs. 1 BVerfGG)?

4. Recht i.S.d. abstrakten Normenkontrolle ist weit zu verstehen und meint nicht nur Parlamentsgesetze, sondern auch andere Gesetze im materiellen Sinne (RVO, Satzung). Allerdings muss die Norm grundsätzlich mit „Geltungsanspruch" auftreten, also verkündet sein.

5. Reichen für eine Antragsbefugnis gemäß § 76 Abs. 1 Nr. 1 BVerfGG Zweifel aus?

5. Nach dem Wortlaut des § 76 Abs. 1 Nr. 1 BVerfGG muss der Antragsteller das Recht für nichtig halten, also überzeugt sein. Wegen des höherrangigen Art. 93 Abs. 1 Nr. 2 GG genügen aber auch Zweifel (h.M.).

6. Was sind „Gesetze" als Gegenstand der konkreten Normenkontrolle (Art. 100 Abs. 1 GG)?

6. Gesetze i.S.d. konkreten Normenkontrolle sind nur nachkonstitutionelle Parlamentsgesetze. Nur darauf bezieht sich das Verwerfungsmonopol des BVerfG.